姚跃林 著

大夏书系·教育常识

让教育稍稍有点诗意

华东师范大学出版社
全国百佳图书出版单位
·上海·

图书在版编目（CIP）数据

让教育稍稍有点诗意 / 姚跃林著 . —上海：华东师范大学出版社，2021
ISBN 978‐7‐5760‐2099‐1

Ⅰ.①让 ...　Ⅱ.①姚 ...　Ⅲ.①教育—随笔—中国—文集　Ⅳ.① G52‐53

中国版本图书馆 CIP 数据核字（2021）第 168317 号

大夏书系·教育常识

让教育稍稍有点诗意

著　　者	姚跃林	
策划编辑	朱永通	
责任编辑	韩贝多	
责任校对	杨　坤	
封面设计	奇文云海·设计顾问	

出版发行　华东师范大学出版社
社　　址　上海市中山北路 3663 号　邮编　200062
网　　址　www.ecnupress.com.cn
电　　话　021‐60821666　行政传真　021‐62572105
客服电话　021‐62865537
邮购电话　021‐62869887　地址　上海市中山北路 3663 号华东师范大学校内先锋路口
网　　店　http://hdsdcbs.tmall.com

印 刷 者　北京密兴印刷有限公司
开　　本　700×1000　16 开
插　　页　1
印　　张　14
字　　数　192 千字
版　　次　2021 年 10 月第一版
印　　次　2022 年 7 月第三次
印　　数　9 101–12 100
书　　号　ISBN 978‐7‐5760‐2099‐1
定　　价　49.80 元

出 版 人　王　焰

序　奋斗的青春也需要温柔以待

人们常说"生活不只是眼前的苟且，还有诗和远方"，我想说，生活只有做到眼前不苟且，才能有诗和远方。在有些胶着低沉的现实中如何使灵魂轻盈灵动？如何让教育时空持续生长曼妙的诗意？姚跃林（作为其妻，我从未连名带姓地称呼过他，平时随口随意地喊习惯了，写这篇序时对如何称呼他很是犯难，仅别扭于此一处，恕我后文简称"姚"）的《让教育稍稍有点诗意》，或许能予您以启发，甚至给您以答案。姚常常说，教育要有温度。并非因为夫唱妇随，我个人也坚定地认为，教育的诗意需要用心灵的温度去培育。

用心灵的温度培育教育的诗意首要的是理想有温度。

追求"为人的教育"，不附带任何条件地服务于学生的健康成长，始终围绕"校园如何使人更美好"的命题建设和管理学校；努力使学校保持它应有的美好模样，努力创造适合学生自我可持续发展的教育，提倡利他行为的审美化这一德育的理想境界，把审美追求作为学校教育的责任，使学生自由自觉地成长为全面发展的人；凝聚校园文化，培养文化自觉和文化自信，发挥校园文化的育人功能，希望学校成为社区文化和精神的高地，希望学生走出校园就成为国家的优秀公民。凡此，是姚的教育理想。

因为这理想，姚只身来到举目无亲的漳州开发区，在厦大附中基址的寨山工地上满面风霜，一身灰土；因为这理想，他在多重价值冲突中挣扎冲闯，一面忍受心脏的隐痛，一面竭力寻求突围；因为这理想，他主张校长专业化、安静做真实的教育，年年月月过着"687"的日子，陪伴在同事和学生中间。于是，一座现代化的学校逾历十年终于建成，耸立于山海之间吟风听涛；于是，校园建筑的每一间教室、每一处楼台，都观照到人性，成长的生命在受到尊重中更加自在、丰厚和润泽；于是，身边聚集了越来越多的亲人，时常能得到暖心暖肺的关爱、帮助和支持，每天能收获无数声脆生生亮堂堂的"校长好""老师好"的问候；于是，和谐发展成为校园主旋律，唯美的师生关系让校园阴雨天也晴朗，晴朗天阳光更灿烂；于是，"马老师"们的背影、毕业生们的留言、食堂阿姨们的微笑，等等，让理想张开了翅膀。

因为理想的着力点是人，所以理想有了暖暖的温度；由于是用滚烫的激情去追逐、守持理想，因此理想有了灼灼的热度。暖暖的温度和灼灼的热度氤氲蒸腾，于是涵养出了美美的诗意。

用心灵的温度培育教育诗意的关键在于对生命有温度。

教育园地的生命固然指一个个教育者和受教育者，但并非仅限于此。香樟、南洋楹，一慢长，一速生；小叶榕、小叶榄仁，一旁逸斜出，一亭亭净植；凤凰木喜热，火焰木耐寒又耐热：它们都是高大的乔木。栀子花白，三角梅红；米兰花素碎，扶桑花艳硕；七里香馥郁，花叶鹅掌柴默默无闻：它们都是低矮的灌木。乔木、灌木是生命，野生的芒草、人工栽种的沿阶草，跑动的松鼠、飞翔的鸟雀等小草与动物也是生命。在附中校园里，所有的师生员工、两千多棵乔木，无法计数的灌木、花草和动物，都是人性观照的对象。生命因多样和不同而美丽。

不同的生命有共同的特质：鲜活而独特，脆弱而高贵。对生命有温度，就是用挚爱对待生命，就是敬畏生命、赞美生命、呵护生命。教育即陪伴，教师即课程，人的现实快乐不可或缺。"午间加油站""周末服务站""周末乐园""跳蚤市场"，"一帮一"成长导师活动、"四点半"学堂、文化月活动，对师生全时开放的图书馆、阅览室、文学馆、体育馆、游泳馆，个性化的琴房、舞蹈室、合唱室、陶艺室、书法绘画室、夜间自习室、滑板运动区，让附中成为全体师生体验现实快乐的共同的"家"。给生病的同事一些力所能及的帮助，替焦虑的家长找孩子谈心，让奔跑的男生换下湿衣服，为学生举办新书发布会；帮学生代购代邮、送学生到医院就诊，为老师撑伞、送伞、送金嗓子喉宝，给老师一个可爱的熊抱；师生并肩奔跑于操场、竞技于球场，一起拯救受伤的小鸟、救护落入窨井的小奶猫……对生命有温度，才朝夕陪伴，彼此走近，心灵沟通，成为各自生命的得意春风。生命因相互给予的温度而更加精彩。

国际部草坪的芒草红了一茬又一茬，亦乐园裸露的岩石已变成相思树林；参加各种赛事的老师同学捧回了簇新的奖状、奖杯、奖牌，那个脸长痤疮、心怀怨愤的小伙子已经换了看人世的心肠和眼光，曾经穿着拖鞋到校报到、赤脚考试的小孩已然西装革履回母校开讲座……教育的故事一个又一个，每个故事都是浸透着灼热的真情善意的诗篇，如春风化雨，给生命以温馨，给灵魂以滋养，使生命茁壮、提升，进而有能力展开生活艰难曲折的褶皱，获得诗意，同时用心灵的温度传递生命的温暖和诗意。

用心灵的温度培育教育的诗意需要让理性有温度。

教育的理性是指教育要尊重规律，尊重教育教学和生命成长的规律。教育教学是为了生命的成长，教育教学规律不能悖逆于生命成长的规律。因此，厦大附中把"以人为本，以德育人，自立立人，和谐发展"作为核心办学理念，践行符合教育教学规律、适合学生成长、适合学校发展的教育观、教师观、学生观、课堂观、质量观、文化观、活动观、环境观等，努力处理好教育平等与差异教学的关系，强调教育教学的科学性和艺术性结合，强调和谐课堂，实施人道的应试教育，在遵循普遍价值观的前提下努力实现教育对人的起码尊重，避免机械套用和揠苗助长，避免把学校办成高考工厂或应试牢笼，避免人为地制造紧张乃至恐惧的气氛，摒弃平庸式的平凡和理性幌子下的冷漠，倡导自律前提下的自由及奋斗过程中的幸福。

"师道""宽柔以教"的石刻在附中校园里不太醒目，它们刻于石头，更要铭于心坎，见于行动。如何依法治校、处理家校关系，如何回望传统、投身当下，如何破解班主任荒、提升教师的幸福度，如何让学生全面发展、为学生减负等，大大小小的问题带着温度拷问理性。理性的戒尺与艺术的笙箫巧妙相融，必须用有温度的心灵去丈量、舒缓理性规范的尺寸和苛严。让每天必扫的落叶落花堆积几天，最美风景便喜上镜头和眉梢；暂停常规遵守的计划日程，去赏月吃月饼过中秋，月饼便有了家的味道；放下手头的书笔作业，去校园歌手海选舞台上一亮歌喉，然后发现自己并非上不了台面；一改惯常从容文雅的步履，飞奔去抢购校园美食周中馋嘴的美食，然后大快朵颐的愉悦多天蔓延进书本和梦床……生活不必一直紧张庄严，奋斗的青春也需要温柔以待。

理性的钢铁虽然能铸造梦想的航船，但它是生硬冰冷的死物，需要有一腔热血的舵手和水手的驾驭，航船才能启程。理性由有温度的心灵掌控，濡染诗意的光泽，以绕指柔般的温润熨帖生命，梦想才能起航。

教育的哲学其实就是生活的哲学，教育的外延与内涵应该延伸于整个生活，生活的诗意可以饱满教育的诗意。很难想象，一个生活毫无诗意的人会留心教育的诗意。生活的诗意同样需要用心灵的温度去培育。我们夫妻携手走过了 37 个春秋，从未拌过嘴红过脸，我熟悉的姚是家庭的"孝子""暖夫""慈父"，是一个一心追求"美好"细节的理性主义者。无论闲忙都定期跟母亲煲电话，生活拮据时邀我看书、听盒带，日子富裕时带儿子逛书店、看电影。我们最爱好两人散步，边走边看边聊。姚有一双容易发现"美"的眼睛，喜欢笑着用镜头记录下身边的美好，再在朋友圈里炫出来。热爱生活，用赞美的目光欣赏生命，用良善的诚意感恩生命，这就是追求平凡栖居中的诗意吧。

诗意给人以美感的意境，它包括情和境两个方面，而这两个方面都必须统摄于美。教育如莳花植树，本不乏美美的诗意。教育者能感到肩上有小到个人家庭、大到民族国家的责任，心里有对从地面到天空的生物灵长的温情，足下迈出无论在小径还是大路上都端正坚实的前行步伐，教育园地才能产生诗意。希望教育的诗意不止点点滴滴，而能蔚然弥漫。那不仅是姚《让教育稍稍有点诗意》文字背后的深愿，或许也是所有人的期盼；那不仅是个人的福祉，应该也是国家的幸事吧。祝愿教育的诗意早日能春光满园！

余春玲

2021 年 1 月 20 日

目 录

理性篇
科学的也是艺术的

理想篇

让教育稍稍有点诗意

当理想遥不可及时

当理想变得渺茫而遥不可及时，你是否能够不停下追寻的脚步？倘若仍能义无反顾，这应该算是"坚守"了。

教师并非我儿时的理想职业，而当我迈进师范学院的大门时，我知道这辈子的职业基本注定。四年的时光一晃而过，也曾有过通过考研而改行或者做个大学教师的念头，但父亲去世带来家庭的巨大变故，我需要尽早工作来承担长子应尽的责任。毕业分配一波三折，最终进了上海铁路局蚌埠铁路中学，算是比较好的单位：城市里的一所大学校，条件较好，待遇稳定，多少有一点福利。虽处改革开放初期，百废待兴，人才奇缺，但一大批"文革"前工科毕业改行从教的老同事，基本没有弃教从工的，他们已习惯"教书"。由此，我明白了教师差不多是"从一而终"的，我决定好好教书。

在安徽蚌埠这样一个火车"拖"来的城市里，铁路工人有着先天的优越感，铁路职工子弟自然也有这种优越感。读不读书无所谓，不行就当个铁路工人，横竖一家人都在铁路上，挺好的。因此，铁路职工子弟比较"淘"，老师付出就特别多。一上班，老教师就告诉我，别给他们好脸色，否则"镇"不住。我有自己的个性，脸色是装不出来的，很快与学生打成一片。我带他们骑车到郊县玩，带他们坐火车到合肥、南京玩。厨艺虽不佳，有时还做饭给他们吃。快乐倒是快乐，但成绩一般，我觉得有些压力。因为所有的时间都投放在教学和班主任工作上，自己看书学习的时间很少，仔细掂量，觉得一辈子这样下去似有不甘。工作一年后，我准备考研。然而并非想考就可以考，在我已认真准备了一段时间后得知，单位不可能同意我考研。一番斗争后，我横下一条心：这辈子就当老师了！

接连带了三届初中后我跟班上了高中。那届学生，无论会考、高考，都取得了令人瞩目的成绩，加之此前的两届中考成绩亦不俗，我的教学成绩和班主任工作能力得到认可。我先后获得市"优秀班主任"、上海铁路局"十佳青年教师"、上海铁路局"优秀青年知识分子"等称号。1996 年 8 月，连续做了 12 年班主任后我直接升任业务副校长。两年后我担任校长，那一年我 35 岁。后来又获得"全国优秀教师"、省"特级教师"称号。20 余年里，我一直站在三尺讲台上演绎着自己的粉笔人生。作为一个教师，我似乎应当满足，从所谓的工作业绩和一批学业初成的学生那里可以找到自我安慰。但作为一个"教育人"，内心的焦灼感有盛于初入杏坛：为什么条件越好，学生读书和老师教书的幸福度越低？这是当代教育人的集体悲哀。

我一直认为，在教育大环境不可能发生彻底改变的时候，减轻学生课业负担，让学生拥有快乐的学习生活，根本靠老师；提高教育服务品质进而提高教育质量，为学生提供全面发展的机会和个性化发展的平台，关键在学校。学习不可能没有压力，读书不可能没有考试，升学不可能没有竞争，学校不可能拒绝排名。因此，从本质上说，今天教育出现的问题永远无法杜绝。但是，如果一所学校能时常"仰望星空"，教师就能够从事"真教育"，稍稍降低对"术"的要求而更注重"品格"的砥砺；如果一个老师能时常"仰望星空"，他就会尊重学生的选择，体会学生的感受，关注学生的身心健康，激发学生全面发展。因此，师资队伍建设和学校文化重构是实现我的教育理想的突破口。师德高尚，业务精湛，好老师之谓也。德高能化人，业精无重负，所以教师是至关重要的。学校文化建设的核心是人，是师生，且首先是学生。学校当有促进学生全面可持续发展的文化保障和文化自觉，置身于这样的文化氛围，学生就能够快乐学习，健康成长。课堂沉闷师之过，校园压抑文化之错、校长之过。建设一所具有文化竞争力的学校、让教育稍稍有点诗意是我的理想。

认准了目标，我就开始了跋涉，我坚信这样的跋涉是有价值的。但在一个局促的校园里，一所"老大"的学校，学生走读，行色匆匆，教师心态浮躁，专业发展遭遇"瓶颈"，跋涉注定是艰难的。倘若能苟同现时价值观和教育观，做一个随波逐流的人，我应当终日陶醉在"幸福"中。然而，我不是一个"安分"的人。

从零开始或许更易于实现自己的理想。2007年9月，我从原单位校长任上辞职，参与筹建厦门大学附属实验中学（后文简称"厦大附中"或"附中"）。在体制未明了的情况下，我几近"下海"。是什么值得我冒这样大的风险？其实就是一个字："新"。校园新，依山面海，建设标准高；教师新，可以按自己的意愿组建一支队伍；学生新，可以按自己的教育理想来培养。看着规划图，我突然感觉到"理想"离我近了许多。其实，当时厦大附中除了有一张不知道是哪位"秀才"在《人民日报》和《中国教育报》上自说自话画的"饼"以外，其他什么都是未知数。

一路走来非常不易。坦率地说，至今，漳州招商局经济技术开发区（后文简称"开发区"）并不具备建设一所中学的条件，更不要说建设一所一流学校，更何况是三年以前！香港科技大学创校校长吴家玮在回答"香港政府给予了香港科技大学怎样的支持"时说："香港政府最大的支持就是'说干就干'的决心。基础的支持是经费。"当时的厦大附中最缺少的就是"说干就干"的决心，核心层常常犹豫不决，总是走一步干一步再说一步。不少人认为，所谓"一流学校"的目标是缥缈的，所以，写在纸上的是"一流"，干起活来有个差不多就行。虽然困难重重，但我以为在开发区要"真想"办一所好学校是完全可能的，所以，我很快调整工作策略：全力往前推，不到黄河不死心。我也相信那句话：如果你真想做一件事，全世界都会来帮你。辛苦一年后，好歹开学了。但就在开学不久后的 2008 年 9 月 25 日，一位高层领导对附中的规模和定位提出批评，管委会领导不得不"虚与委蛇"，做出调整的姿态。对学校而言，这种调整是灾难性的。在最困难的时候，我的态度仍然明确：继续向前推。就是做一个乡村学校的校长我也不会离开，因为我把老师和学生都招进来了。在这个过程中，市教育局给了我们很大支持，通过开展活动，设立奥赛集训基地，给予高中自主招生的政策。在别人认为我们高中招生有可能降到最低分都招不满的情况下，首届高一招生，不仅招满了，还多招了，而且质量还不差。2010 年，市教育局批准我们进行"六年一贯制"教学实验，2011 年批准我校海峡部招生。

客观地说，我们现在有点"热"。厦大附中，一所拥有 46 个班级、具有一定知名度的完全中学终于建起来了。能到这一步，有太多的积极因素在发挥作用。我是幸运的，有太多的人要感谢，领导、同行、同事等，尤其要感谢学生和他们的家长。我常说，我们不能辜负学生和家长的信任。也许我们无法帮助所有学生实现自己的理想，但我们要对得起良心。我始终认为，一流的教育服务品质和服务水平是一流学校的真正内涵。而一流的服务品质和服务水平的核心特征是什么？是"信任"。要让学生和家长信任老师，信任学校，今天信任，明天还信任。一所让社会、家长、学生信任的学校可以肯定地说是一所好学校，同样可以肯定地说是真正一流的学校。

我们要尽快长大！我们弱小的时候随时会被人"掐死"，当我们成为强大的存在的时候，我们会获得生存的自由。四年里，我本人的进步在哪里？是真正懂得并努力做到不抛弃不放弃。虽然我无数次碰到荒唐人和荒唐事，但我仍能以大局为重。我心目中始终有一面旗帜：做成事最重要。四年前，我也许做不到，那种涵养的养成正是岁月给我的酬劳。今天的附中是否成为"强大的存在"？远不是。不是我们不努力，所谓谋事在人成事在天。只是已经有了一个良好的开端，如果不能将这种"胜势"保持下去，半途而废或者中途减速非常可惜。我素来认为，各种类型的学校都有存在的理由。厦门大学和开发区管委会也没有必要为了"一流"而一流。中小学无非是给孩子提供一个读书的地方，这是政府的责任，我们不可能为了所谓的"一流"而放弃自己的责任。从这个角度而言，厦大附中已经成为"强大的存在"，现在没有人可以叫停它，它的存在已经不是什么奇迹。100年后，开发区现有的公司或许倒闭殆尽，厦大附中将依然存在。

几乎所有的领导和朋友看到附中今天的发展，都要问我"是不是有一种成就感"，我的回答总是否定的。并非谦虚，我唯一清晰感觉到的仍然是"责任"。我的博客叫"理想国"，我似乎是有理想的，但在接近"理想"的时候，我感到自己的理想模糊起来，渐渐觉得心目中的理想其实很难作理性描述，那种心满意足的状态也许永远无法到来。或许理想就是若即若离忽远忽近的，好似远方的灯塔，远远看到它心里就踏实，完全靠近了反而会摧毁它。这就是生活，这就是人生。其实，理想无所谓破灭不破灭，只要信念在，理想就在，只要不放弃，它就在实现中。理想即便破灭，生活还要继续。过日子总要有方向，方向就是理想。原来的方向失去了还可以确立新的方向。四年来，1400多个"日子"，我的方向是非常明确的。

我经常问自己，附中给了我什么？我惊奇地发现，附中给了我太多太多。

美丽的校园——真如花园一般。我希望她是温馨的家园。虽然占地280亩，走一圈两三公里，但我每天要走两圈。亦乐园，上下315级台阶，每天我要走一遍。尤其让我心醉的是，一上课，校园里安静得仿佛空无一人，一到课余，身着白色校服的学生，或打球，或跑步，或看书，或弹琴，或游戏，"静如处子，动如脱兔"，身心都显得那么从容。在这样的校园里读书，他们一定有一份特殊的收获。

亲爱的同事——从"孤家寡人"到3个人，到21人，到67人，到121人，到今天167位专任老师连同校工260人。老师们来自20多个省市，毕业于几十所大学。文化多元是长见识的很好途径。教师和学生的来源地越广，文化就越多元。不同文化碰撞交融，彼此都可增长见识。口音不同，饮食有别，习惯相左，似为不和谐，其实是大和谐。不出校门就能长知识。

可爱的学生——从 6 个班到 19 个班，到 34 个班，到 46 个班，从 240 名初一学生到全校 2000 名学生，有本地的，有外市的，有外省的，有美国的。他们总是那么阳光，那么刻苦，见到我总是说"校长好"。

属于我们的文化——将"以人为本，以德育人，自立立人，和谐发展"作为核心办学理念，努力创造适合学生自我可持续发展的教育。在核心理念的引导下，学校形成了初级的管理文化，教育观、教师观、学生观、课堂观、质量观、文化观、活动观、环境观等，在附中都有自己的内涵。譬如，我们的教育观是在遵循普遍价值观的前提下实现教育对人的起码尊重；我们的学生观是学校因学生而存在；我们的环境观是自己的垃圾自己处理，追求零垃圾的校园生活。

哪些做法是过去想做而做不成的？教师生活在学生中；"推门听课"；图书馆、阅览室全天候开放（包括周六、周日）；学生社团活动；几乎每个班级都可以有自己的宣传橱窗；活动室完全开放；学生自治活动的广泛开展——即便学生要成立一个魔术社，我们也能帮助他开张。

数不胜数。我所追求的正是"为人的教育"，是稍稍有点诗意的教育。在教育的漫漫航程上，附中这艘"诺亚方舟"已经起航。

理想似乎触手可及，然而深思一下，发觉还在远方。

教师队伍建设还有一段不短的路要走，而且不能保证只要我努力就一定遵循我的理想路径。大规模招聘教师，难免有不尽如人意的，而即便都很优秀，在新的集体里，自然分化规律也在催生更为优秀的同时产生等量的庸常。一个全体优秀的群体注定不是一个稳定的结构。我们的脚步停不下来。

校园文化还不够精粹，还未显露应有的魅力。文化立校的路也许更长。这种理念将一直伴随着学校的发展，没有终点。今天，我们依然面对各种传统观念和习惯做法的挑战。我们的理想或许只是一种信念，坚守理想非为信念的殉道者，而是充满信念和期待地生活，就是"有滋味"地活着。

《列子》有言："子贡倦于学，告仲尼曰：'愿有所息。'仲尼曰：'生无所息！'"圣人如此，何况我辈。浮士德上天入地求索一生，在他自认为找到真理的时候，他说："你真美呀，请你留一下！"还没有来得及享受找到真理的快乐就溘然长逝。这故事包含了歌德对生命的理解，对我们也很有启发。

刚到附中两个月时，我的一位老同学来访，"学校"还在开山造地，他看到我激情地展望，说道："你还没变，胆子真大，充满理想。希望你永远不要变，这样，想到你，我会觉得这个世界是有希望的。"我想，哪怕只是一个人在坚守，于这个世界也是有意义的。

（2012 年 1 月）

学校的使命与教育者的情怀

    2007 年 5 月的一天，时任安徽省一所省示范高中校长的我，在《中国教育报》上看到一则招聘启事《厦门大学附属中学诚聘校长》（后文简称"厦大附中"或"附中"）。"厦门大学居然没有附中"的疑问让我平生第一次看完了一则招聘启事。在同期报纸上，还有一篇《厦门大学附属中学即将扬帆起航》，文章中写道："厦门大学附属中学是一所现代化的、与国际接轨的寄宿制示范校，学生规模为 3600 人，其中国际部为 1200～1600 人。学校高中部面向全省招生，国际部主要面向港澳台和东南亚地区招生。该中学目前正在建设中，是厦门大学唯一的一所附属中学。"学校的发展定位是"一流品牌中学"。阅之令人热血沸腾。

    2007 年 6 月 20 日傍晚，当我初次踏上今天的厦大附中、当时的寨山时，我才知道所谓"正在建设中"不过是刚圈好地；当 7 月中旬我再来时才知道所谓"厦门大学附属中学"还是个临时校名；当 9 月 3 日正式入职后我才渐渐知道，包括《选址意见书》在内的所有的行政报批手续一无所有……

    学校因学生而存在。当时开发区一共五所小学，教师 108 人，学生 1417 人。其中四所村小仍由龙海市港尾中心小学管理，也即当时区内只有南太武实验小学，30 位教师，495 名学生。据了解，成绩好一点、家境好一点的学生，初中大多到厦门、漳州、龙海市区的民办学校就读，其他人进入港尾中学（乡镇完中）、卓岐中学（农村初中）。这些学校离家较远，需住校或租住在学校周边。到小学调研生源状况时，我这个"外来和尚"得不到真诚欢迎；

而企业的人力资源部门对员工子女的读书问题尤其漠视，很少积极配合。直到 2008 年年底，区内常住人口也只有 11865 人，暂住人口登记的有 5053 人。在这种情况下，如何建设"一流品牌中学"？我们应该怎么做？我常常夜不能寐，心力交瘁。每一个早晨都在心脏的隐痛中醒来，每一个晚上都在醒不过来的担忧中入睡。我一方面下定决心，即使不能实现既定定位也绝不离开"学校"——我曾下定决心，即使做一个乡村学校的校长也绝不离开附中；另一方面也做好了最坏打算，立下两份遗嘱以备不测，因为当时的身体状况非常糟糕。

在这样百业待兴的开发区建一所优质中学，几乎是开天辟地的事，必须将各方面的有利因素汇合起来才有可能。权衡所有关系，我们认为首先要摆正学校与学生的关系，这是从多重价值冲突中能够最终突围出去的关键。这就是服务与被服务的关系。于是我们确定了最基础的办学理念：教育无非服务。在意识到面对如此多的价值冲突后，我的个人语境中再也没有出现过将厦大附中建成"一流品牌中学"的词语。

在起草《厦大附中四年发展规划（2007.11—2011.06）》时，我将学校三年的发展目标确定为："在办学思想、政策制度和实践行动三方面基本形成现代化品牌学校的基本框架。"将十年发展目标确定为："尽可能建成省一级达标高中。"将远景奋斗目标确定为："把学校建设成一所具有文化竞争力的现代化的有特色的学校。"2008 年 3 月，根据基建和行政事项进度严重滞后的现状，我们果断终止当年高中招生的计划。根据当年初一招生时"尖子生"仍然外流的情况，我们将学校的发展目标修改为："培育一流的教育服务品质，用合适的教育办学生喜欢的学校。""服务品质""合适教育""学生喜欢"成为厦大附中发展的关键词、核心动力和学校发展方向。我们必须面对这样的现实：厦大附中在很长一段时期内还只能是一所"乡村中学"。虽然高中面向全市招生，农村生源仍占绝大多数。2019 届高中毕业生有 451 人，其中 60% 来自农村，来自漳州中心城区芗城、龙文的城镇户籍学生只有 37 人。厦大附中让更多的农民子弟接受到了优质的中学教育。

"办学生喜欢的学校"是在"泥土里"生长出来的办学理念，也是一条能够实现理性突围的成长路径。今天，厦大附中还远不是"一流品牌中学"，但"办学生喜欢的学校"的目标在一定程度上已经实现。当然，"办学生喜欢的学校"永远在路上，只有进行时。

厦大附中是全省唯一一所由大学、央企（招商局）和政府合办的学校，集中体现了大学和央企的社会责任。其最大的价值在于改变了周边的教育环境和人文生态。我一直认为学校应成为社区的文化和精神高地。11 年来，附中初中部一直面向全区适龄儿童包括外来人口实行全纳教育；高中部对区内生源降分录取，降分幅度超过 80 分。我们对升学率的追逐不是无止境的，我们必须首先服务好本区域。有同事不理解，我说，老百姓将他们家的菜园拿给我们做校园，结果我们不小心办成了"名校"，可他们的孩子都进不来了，我们的良心如何安放？今年 6 月 19 日那天我得到一个消息，我校 2015 届高中毕业生黄同学被中央美术学院录取为研究生。黄同学家在附中边上的店地村，2009 年至 2015 年他在附中就读初一至高三，2015 年考入厦门大学，今年本科毕业。那天，我打开建校日志，看到 2007 年 10 月 29 日这天写着："店地一边原路基上有横幅——还我土地，还我权益！"12 年前的往事历历在目。我想告诉父老乡亲，我们没有食言。那一天，附中还只有我一人，但我记住了那条横幅，永远不会忘记！黄同学的父母都是本地农民，曾在河北打工。得知附中筹建，他们带着黄同学回区就读，2009 年进入附中。他父母同时回乡就业，现在过着安定幸福的生活。如果没有附中，黄同学在河北有个称呼叫"外来务工人员子女"。今天，每一位"黄同学"都可以理所当然、理直气壮地进入家门口的厦大附中，免试入学，平行编班，免费就读，接受优质的中学教育。

2008 年 9 月 1 日，李同学和 240 个孩子一起成为厦大附中的第一届初一新生，直到 2014 年高中毕业，他考入北京师范大学。去年他从北京师范大学保研至北京大学。他用十年时间从附中大门一直走进北大大门。2018 年 9 月 3 日，学校邀请李同学作为校友代表在开学典礼上致辞，他说："如果大家去问附中毕业的学子，很多校友将告诉你，最让他们难以忘怀的，不是大学生活，而是在附中度过的岁月。这里有最认真负责、关心呵护你的师长，这里也有最诚挚纯朴、互爱互助的朋友。"李同学是四川人，父母在开发区务工。如果没有厦大附中，他只能回到原籍成为"留守儿童"。12 年来，厦大附中虽然也实行外来务工人员子女积分上学的政策，但从未通过积分拒绝过学生。在已有另一所中学的情况下，今年秋季进入附中初一就读的外来务工人员子女仍有 24 人。外来工只要满足"务工一年"的条件，子女即可免试、免费入学，享受户籍人口的全部待遇。

许同学与李同学同届，家是开发区大径村的，去年大学毕业后回区工作。2014 年暑假的某个早晨，我在公交车上邂逅许同学。当时他已经被大学录取。他在厦大南门站与我告别，跟随一群人下了车。我在车上看到了难忘的一幕：同行十几个成年人，要么从车头要么从车尾横穿马路，然后踩过绿化隔离带，再横穿过对面马路。只有许同学，下车后沿人行道向前走到斑马线边等待，待绿灯时通过斑马线走到对面。那一刻我非常欣慰，感觉自己好像做了一件非常正确的事。我觉得，附中文化中的一个重要因子就是"规则意识"。附中教育成功与否，一个重要标志就是附中学子是否养成规则意识。我以为，不讲规则的人，别处可以有，附中不能有；不讲规则的事，别人可以做，附中人不能做。那一刻，我不由自主地想到 2008 年 8 月 19 日上午，许同学他们第一天进附中的情形。他们当中有不少人是穿着拖鞋来附中上学的，衣冠不整的更多。为什么几年后他们走出附中能够成为一个优秀的公民？这就是附中存在的意义：知识可以改变命运；教育可以再造精神；学校可以塑造心灵。

附中教育最大的成功不是培养了几个北大、清华和中科大少年班的学生，也不是本区域内无人能及的高升学率，而是附中办成了老百姓家门口可信赖的学校。

至今，附中没有面向全省招生，国际部尚未启动，国内部规划的校舍仍在建设，"示范校"还在努力建设中，厦门大学的附属学校由一所增加到六所，城市配套尚在萌芽，行政管理还在摸索……而有一个事实已是铁定：附中已发展成为学生喜欢、教师幸福、家长信任、社会认可、具有较强文化竞争力的中学。

（2019 年 9 月）

用文化力量推动学校健康发展

尼采认为："文化的特征是一种独特的风格的统一性。"怀特海说："风格是智者的最高德性，风格会增加你的力量。"文化因人而成，人是文化主体。教育离不开文化，教育自身就是文化。我们认为，校园文化建设的核心是人，是你我，是师生。我们就是文化！文化建设要靠人，文化呈现还要靠人，文化的服务对象仍然是人。

学校如何管理？制度管理谓之下，文化管理谓之中，精神管理方为上。学校精神是一代代师生精神的汇聚，是学校的灵魂。没有特有精神的学校是没有灵魂的学校。作为创校校长，我给自己确立的首责是构建共同的文化价值观，实现文化管理，最终形成"附中精神"，进而用一种具有永恒力量的精神推动学校持续健康发展。在厦大附中，校园文化建设从来就不是一个"工程"，而是教育自身。我们确立了校园文化建设中的几个着力点：一是由于是新建学校，要重点做好基础文化设施建设。校园建筑也要融入文化理解，要体现建筑对人的尊重，体现建筑与人的和谐。二是虚实并举，既关注文化载体建设，更关注确立共同的文化认同，提高师生参与文化建设的自觉性和执行力。三是实事求是，从小事做起，从我做起，从现在做起。要有思想，更要有行动。四是强调传统与现代并进，用传统文化精髓培养具有全球胸怀和现代意识的人。建校十年来，厦大附中逐渐形成了自己的文化理解，并踏实践行，形成了独特的文化力量。

一、文化自觉与文化自信

文化自觉与文化自信是文化建设的前提。学校文化建设的首要任务是激发和启迪师生的文化自觉性。或许这样的人并不少见，他们在大学生活了四年，不仅不了解大师，对"大楼"也不甚了解，甚至对"大门"也没什么特别感觉。大学虽有文化，但"化"不了他。他不走进文化，文化岂能奈何他？所以，我觉得校园文化建设首先要激发人的文化自觉性。只有当"人"成为文化的创造者、发现者、传播者、实践者的时候，人才能成为文化建设的核心，文化才有意义。另外，文化自觉与人的学习力、洞察力和好奇心也有关系。唤醒文化自觉，同时就是培养学习力、洞察力和好奇心，这就是教育。文化自觉可以靠学生自我修炼，但更重要的是要靠学校有目的地教育、熏陶。如果一所学校里的师生、员工不主动思考校园文化的问题，不主动接近、主动融入校园文化，不对校园文化有所奉献和实践，校园文化的育人功能将很难得到有效发挥。

校园文化建设同样需要激发"人"的文化自信。有些人惯用指责和批判取代赞赏，匍匐于想象中的文化殿堂，最终若非堕入文化虚无主义便是走向文化神秘主义。倘不能脚踏实地，又缺乏实事求是的精神，将自己凌驾于校园文化建设主体之上，进而否定一切，则自然是目无文化，也必然失掉文化自信。文化本来就在身边，却视而不见，看不到优点，看不到进步。陷入自卑主义泥潭，文化的力量自然也就消解了。文化自豪感就是正能量，文化自信也是生产力。

文化自觉需要自爱，敝帚也要自珍。这样，才能感悟到文化，才能发现文化。具有强大文化力量的学校，其师生必然具有高度的文化自觉，有强烈的文化自豪感，否则文化很难形成力量。文化是学校的灵魂，文化自信与热爱学校互为因果，两者互为表里。

二、文化理解与文化传承

有论者认为，文化理解与传承应当是人的必备素养，是 21 世纪的人的核心素养之一。一个具有文化理解与传承素养的个体，能够在理解的基础上认同并传承中华民族优秀文化，能够以平等、尊重的态度看待和理解不同文化间的共性与差异，具有体现中华民族优秀传统文化特点的价值观念、道德伦理、行为习惯等。我国教育的优良传统夯实了中国优秀文化的基础，更是中华民族文化自信、文化认同、文化凝聚力的重要源泉。在复兴民族文化的大背景下，在当前教育言必柏拉图、杜威以及慕课、翻转课堂等舶来品的情况下，更要充分认识到中华传统文化的现代价值和全球意义。

作为儒家经典，《论语》不仅是儒家思想的原典，也是我国最早的教育学著作。它对教育作用、教育目的、教育内容、教学方法、为师之道等方面均有表述。经过现代教育学、心理学的阐发，儒家教育思想的内核与当代教育的核心理念重合度很高。甚至可以说，在教育和教学的核心元素上，今人其实是无"新"可创的，更多的只是在信息化时代进行的工具化解读。

儒家教育思想的基本哲学起点是天人合一、政教统一、文道结合、知行一致。譬如"天命之谓性，率性之谓道，修道之谓教"概括阐述了天与人的关系以及人与教育的关系。在此基础上，张载提出"为天地立心，为生民立命，为往圣继绝学，为万世开太平"，把"天人合一"的思想提到了最高的理想境界。我们从中不难看出其与今之教育的源流关系。当然，对于传统文化从来都需要批判地继承。譬如"天人合一"的思想对解决人我关系具有积极意义，但没有把自然作为独立对象来进行认识和探讨，这就影响了中国古代的自然科学不能得到独立的研究和发展。这需要我们予以扬弃。

在家庭教育日益受到重视的今天，教育传统中关于"家教"的思想也给今人很多启发。中国有优良的家教传统和丰富的家教经验，如主张"教儿婴孩""养正于蒙",都是从家教开始的。《周易》有"蒙以养正,圣功也"的记载,成为后世重家教的指南。耐人寻味的是,在一向被认为科学教育比较贫乏的中国古代,胎教很早就受到了重视。写成专著者有之,散见于有关文献的更多。特别值得一提的是,隋末唐初的著名医学家孙思邈,在《千金要方·养胎论》中,从医学的角度指出,孕妇"弹琴瑟,调心神,和性情,节嗜欲,庶事清静,生子皆良"。可见,中国古代的胎教是有一定科学依据的。另一方面,孔子说:"学而不厌,诲人不倦。"荀子说:"学无止境。"这不正是今之终身教育吗?

一切文化都是教育之源。文化传承离不开教育,文化就是直接或间接的教育。中华文化博大精深,教育传承有利于文化传统的赓续。显然,弘扬教育传统,必须要有坚定的价值观和价值选择力,也离不开文化自觉和文化自信。

三、文化力量与教育实践

厦大附中是一所具有坚定文化追求的学校。我们的文化价值观建立的基础是人的成长规律和教育规律,我们的价值选择充分尊重人的现代意义。文化力量的培育在扎根现实中国大地的前提下,吸收古今中外的一切文明成果,结合学校和区域实际情况,确立并不断完善办学理念、发展目标、发展愿景等诸方面的文化元素。

在多重价值冲突中寻找理性突围是建设"理想学校"的现实路径。历经十年办学实践,我们形成了一系列文化理解和教育主张,构建了一种特色鲜明的文化价值观。其核心教育主张有:教育无非服务;办学生喜欢的学校;让教育更加尊重生命;实施人道的应试教育;教育不相信奇迹;做幸福的平凡人。

1.教育无非服务

教育无非服务,服务是一种信仰,这是我们的教育行动指南。坚持干部服务群众，行政服务教学，全校服务课堂，全员服务学生。教育的本质是立德树人。面向本质的学校教育就是要全面服务于人的成长，它的基本功能就是服务。夸美纽斯说："人人应该受到一种周全的教育，并且应该在学校里面受到。"只要我们承认并尊重人的生命权利及其固有价值，那么，学校教育特别是由政府举办的基础教育，就应当是不附带任何条件地服务于"人"的健康成长。教育均衡本质上应该是服务水平和服务品质的均衡，而非质量的均衡。因此，所谓一流的学校，就是具有一流教育服务水平和服务品质的学校。

强调"一流的教育服务水平和服务品质"与强调"一流的升学质量"有着明显区别。首先，前者的评价指向学校和教师，后者的评价指向学生。其次，前者是面向全体的教育，即要让不同基础的学生都有不同的提高，不同的学生通过学校教育都能获得全面、健康而自由的发展，都能从教育中得到幸福快乐；后者则不然。提倡追求一流的服务水平和服务品质在现阶段的特殊意义在于，可以使教育回归其本质属性，使所有学校都有存在的价值，使所有教师的所有教育行为都有意义，使所有学生都能认识到接受教育的必要、获得教育的快乐，身心在教育中得到健康成长。当学生、教师、学校等方面的积极性都调动起来了，教育质量的提升也就成为必然。

2. 办学生喜欢的学校

有一句励志语流行甚广：今日我以母校为荣，明日母校以我为荣。显然，这两句话在我们学校都不怎么合用。学校年轻得毫无令人骄傲之处，而出现可以引为荣耀的校友更需时日。所以，从"现实主义"出发，我们比较看重学生对母校的感情——就是那种质朴的念想。他心里还有回来看一看的想法，也算是对我们秉持的"办学生喜欢的学校"的理念的一种肯定。我觉得十年办学最大的成果是一届届附中学子对母校的深深依恋。

当然，关心母校和老师的方式有多种。条件不许可，或者感觉时候未到，不能拜访、无法当面问候也没关系。人还是要有感情的。学生无情，学校和老师多少有一份责任。我们经常埋怨学生这儿不好那儿不好，如果什么都好，他还要到学校干吗呢？那些"不好"之处正是我们教育的发力处。人类社会的理想境界应该是"有情社会"，但这要建立在"克己""爱人"的基础上，所以离不开教育。

"办学生喜欢的学校"不能满足于学生眼下的喜欢，更要致力于办学生终身喜欢的学校。很难，但也未必做不到，也正是因为人是有感情的。

3.让教育更加尊重生命

我们提出，要在遵循普遍价值观的前提下实现教育对人的起码尊重。"普遍价值观"包含"普遍质量观"，也即在一定程度上我们"迎合"或"顺应"了大众的质量评价尺度。我们重视课堂质量和升学质量。对于一所新学校而言，除了重视质量别无选择。但"实现教育对人的起码尊重"，是指学校教育要尊重规律、尊重生命、尊重学生的选择。

让教育尊重生命，让学校尊重学生，突出表现在我们对"教育服务品质"的孜孜追求上。十年来，我们从以下五个方面开展"以优化服务品质为核心"的学校内涵发展实践，即建筑服务人：建设服务型校园；教师服务学生：建设以一流教育服务能力为核心的师资队伍；教学服务学生：培育以生为本的教学生态；校园文化服务学生：以丰富多元应对差异化学情；评价引导服务：构建以服务质量为指向的教师评价体系。经过近十年的发展，厦大附中已经初步成为具有"一流服务品质"的优质学校，学生真正成为校园的主人和教育活动的核心。

4.实施人道的应试教育

应试教育的突出特征是不以人的健康成长为核心，而以应对考试为核心。但社会运转离不开考试。只要积极应试能奏效，就无法阻止应试主义的生长。故从中国的考试文化和现实基础来看，在可以预见的相当长的时期内，企图通过顶层设计解决应试教育的所有问题是很难的。既然不能没有考试，也不能没有应试，我们就只能搞"消极的"或者说是"理性的"应试教育，我称之为"人道的应试教育"。十年来，我们努力使学校避免成为高考工厂或应试牢笼，努力使学校保持着它应有的美好，努力使教师依然还是学生觉得可爱的人，从而办一所学生喜欢的学校。

人道的应试教育不能硬生生地给孩子们带来痛苦和恐惧。让孩子们乐于学习，免于恐惧，这应当是基本点。教得精一点浅一点。少搞题海战术，让学生少做那些不必做的题。对那些根本对付不了题海的学生，多一分宽容。不侵害学生的身心健康，让孩子们在长身体的关键时候，多睡点觉，锻炼好身体。让"只要学不死，就往死里学""生时何必多睡，死后自然长眠"这种反人道的标语口号从学校绝迹。别一天一排名，别一天一次励志教育，不人为制造紧张乃至恐惧的气氛，为学生提供稍稍有一点诗意的生存环境。尊重学生的自主选择，让"为了考试"的课堂减少到最低程度。不将学校办成军队和监狱，将学校办成学校应有的样子。以上等等就是我说的人道的应试教育。

5. 教育不相信奇迹

教育不相信奇迹，成功离不开拼搏。学校首先是读"书"的地方，这本"书"远不仅是教科书。既然是读书的地方，"刻苦"就应当永远值得赞许，刻苦读书与快乐学习并不必然构成一对矛盾。刻苦读书的人不见得学习不快乐，读书不刻苦的人学习未必就快乐，可能越刻苦读书的人反而是学习越快乐的人。我希望在附中的校园里，手不释卷的人不应当被看作"另类"。刻苦读书的人应该成为我们敬仰和仿效的对象。

"死"读书不好，但好读书的人绝大多数不是"死"读书的人。"好"读书与"死"读书是两回事。读书的态度其实就是做事的态度，通过读书养成好的做事态度，这正是教育的目的。厦大附中的老师专业能力强，学生学业基础好，而师生又都是那样刻苦用心，成绩怎么会不好？天上不会掉馅饼，不付出，不努力，坐等教育奇迹出现是不可能有好结果的。

6. 做幸福的平凡人

"做幸福的平凡人！"是我在 2012 年 6 月 6 日傍晚写给首届高中毕业生的赠言。我完全是从一个父亲的角度说的：快乐就好，考什么成绩就随它去吧！让别人去"伟大"吧，咱家的孩子幸福就好！这就是今天在附中校园里广为流传的"做幸福的平凡人"的出处。"做幸福的平凡人"，是一种朴素情感的自然流露。

做幸福的平凡人不是什么都不追求。如果没有理想，不为理想而奋斗，是不可能幸福的。幸福不仅是一种感觉，也是一种能力，需要用一辈子来修炼。苏霍姆林斯基在《致女儿的信》中说："做一个幸福的人，只能是在你成为有智慧的人的时候。""做幸福的平凡人"强调"幸福感"的重要。一个人，在孩提时代就立志成为"伟人"，不仅免不了失望，而且会失去"现实快乐"。每天都不开心，自然做不成"幸福的平凡人"，离成为"伟人"可能更远。如果自己很幸福，又能给一大群人带来幸福，离"伟人"就不远了。

"做幸福的平凡人"绝非教唆学生抛弃理想、放弃奋斗、甘于平庸，它实际上是一种缓解生存紧张之术。"做幸福的平凡人"这句话的重点是"幸福"，至于"平凡"，这是不求自来的，而要过得幸福并非易事。这句话实则告诉大家，对未来要有合理的期望值，不要太过强求，要快乐地追逐理想。

一所学校要走出自己的路必须要有自己的文化理解和文化认同，要在办学实践中践行自己的文化主张。文化是有力量的，但这个力是"矢量"，它有大小也有方向。要使文化力量在正确的方向上推动学校持续健康发展，必须时刻保持文化的先进性。这需要我们继承人类文明的优秀成果，特别是中华民族的优良传统。

（2019 年 4 月）

服务品质是学校教育的重要内涵

　　厦门大学附属实验中学由厦门大学和漳州开发区联合创办于2007年，教学业务由漳州市教育局直管。2008年初中招生，2009年高中招生。创校以来，厦大附中始终以创建省一级达标高中为抓手，在实践中确立了"培育一流的教育服务品质，用合适的教育办学生喜欢的学校"的发展目标。以"教育无非服务"为指南，坚持"干部服务群众，行政服务教学，全校服务课堂，全员服务学生"的教育主张，将教育服务能力和服务水平的提高作为内涵发展、质量提升的突破口，审时度势，抢抓机遇，谋求发展。学校、老师全心全意为学生成长而服务，以优化教育服务品质为核心，让教育带着温度落地，安静做真实的教育，办学质量稳步提升，成功创建省一级达标高中。

　　教育的本质是立德树人。立什么德？社会公德，职业道德，家庭美德。树什么样的人？身心健康、和谐发展的现代公民。学校教育的使命就是要服务学生成长，使人经由学校教育而成为品德高尚、身心健康、和谐发展的现代公民。由此可见，"服务"是学校教育的第一使命，服务品质是学校教育的重要内涵。因此，所谓内涵发展，首要的便是教育服务品质的发展和提升。学校之优劣，实则指其服务品质之优劣，也即服务能力、服务水平之优劣。好学校就是服务品质高的学校，差学校就是服务品质低的学校。抓内涵发展就是抓服务品质提升。服务品质提升了，教育教学质量自然就会提升。厦大附中十年建校史证明了这个逻辑的成立。

　　以优化服务品质为核心的内涵发展是指，在学校发展过程中，我们将工作重点确定为培育并不断提升教育服务品质，也就是要提高学校的教育服务能力和服务水平。品质就是质量。我们将服务品质视作质量标准。服务质量就是学校质量、教育质量，认为"一流的服务品质是教育质量的最好境界"。因此，我们确定了厦大附中的办学目标：培育一流的教育服务品质，用合适的教育办学生喜欢的学校。

这个发展目标或者说办学理念是从"泥土"里生长出来的。厦大附中地处漳州开发区，是开发区第一所也是目前唯一一所中学。建校伊始，开发区户籍人口仅一万多人，对口的四所小学200多个毕业生，多为渔民、果农子弟以及外来务工人员子女。在此之前，区内中学生只能到区外学校就读——没能耐的到附近的港尾镇中学，有能耐的到厦门、漳州的市区中学。这些学校离家都很远，只能由父母租房陪读，受教育的成本很高。初中生的辍学率很高，高中就学率不高，基础教育条件差、质量低。在建校最初的两年里，生源尤其是优质生源外流的现象依然存在。这样的生源基础，学校怎么办好？厦门大学和漳州开发区管委会给厦大附中的定位是：现代化的与国际接轨的示范校；一流品牌中学。学校因学生而存在，连学生都没有还谈什么"一流学校"！审时度势，我们改变了办学目标：要让在校的学生喜欢这所学校。我们坚信，学生真心喜欢，家长就会信任和放心。在读学生是最好的宣传员，我们相信口碑的力量，相信口碑是最好的评价。作为新建学校，厦大附中按教育规律和人的成长规律办学，在遵循普遍价值观的前提下努力实现教育对人的起码尊重。如今，学校"用一流的教育服务品质办学生喜欢的学校"成效初显。不仅生源不外流，还因教育资源优质吸引了来自全国各地的创业者到漳州开发区安家落户发展事业。教育兴则社会兴，抓好教育这个重要的民生工程，漳州开发区各项事业欣欣向荣。厦大附中因此被誉为漳州开发区"最靓丽的名片"。

何谓"教育服务品质"？我们将"教育服务品质"界定为硬件、师资和包括办学理念、育人目标、制度建设以及课程提供在内的学校教育文化。发展学生是学校的最高使命。在暂时不具备实现一流升学质量的新建学校，我们回归教育原点，尊重教育规律，面向全体提供合适的教育，使每位同学都能找到成长的平台。通俗地说，这所学校暂时算不上升学质量高的"好学校"，但无论是硬件还是软件、师资还是管理、课程还是文化，它都是无可挑剔、值得信赖的学校。

打个比方，假如学校是"我"，政府是"你"，学生是"他"，很多学校将精力放在"你"和"他"上，等政府给政策，靠抢生源来提高应试成绩以支撑门面。发展良机往往在等、靠、要的懒惰中丧失。我们的做法是先别管"你"和"他"，我们先做好"我"。进一步，我们争取"你"，依靠"你"，服务好"他"，最终赢得"他"的信任。我们始终在优化自己的教育服务能力和服务水平方面下功夫。十年如一日。其突出特点是，学校竭尽全力做好学校该做的事，教师尽心尽力做好教师该做的事，然后影响和引导学生拼力做好学生该做的事。不等，不靠，不急躁，不抱怨，争取每天都进步，最终实现质的飞跃。

学校将对教师的评价由单纯的对教学成绩也即"分数"和"升学率"的评价，转化为对教师的教育服务态度、能力、行为、水平、创新性和成效等方面的综合评价。淡化对"分数""名次""升学率"的直接考核，使教师之间、师生之间的人际关系更加和谐，教和学的效率更高，团队力量更强，直接促进了学校整体办学质量的稳步提升。

学校教育内涵发展的目标是培育一流的教育服务品质。具有一流服务品质的教育是指面向教育本质、能够满足每一位学生成长需要的教育。每位学生的价值选择都得到充分尊重，每位学生的人生理想都有腾飞平台，这样的教育服务品质才能算一流。追求"一流的服务水平和服务能力"，与追求"一流的升学质量"有着本质区别。前者指向学校和教师，后者指向学生。前者是面向全体的教育，即要让不同基础的学生都有不同程度的提高，不同的学生通过学校教育都能获得全面、健康而自由的发展，都能从教育中得到幸福快乐；后者不然。用衡量"服务品质"取代"升学质量"的评价，在现阶段的特殊意义在于，可以使教育回归其本质属性，使所有的学校都有存在的价值，使所有教师的所有教育行为都有意义，使所有学生都能认识到接受教育的必要，获得教育的快乐，身心在教育中得到健康成长。可以使学生免于成为学校间无序竞争的直接参与者，可以使学生免于成为升学大战中的"牺牲品"。同时，"服务品质"较易实现均衡，而均衡"升学质量"几乎做不到。标准化学校、达标学校和示范学校的建设，根本目的是推进学校提高服务品质，走内涵发展的正路。

经过近十年的潜心实践，我们初步实现了办学目标。目标表述中有三个要素：教育服务品质；合适的教育；学生喜欢的学校。

关于厦大附中的"服务品质"，我们认为是相对优质的。第一，我们有"最好"的校园。主要不是大而美，而是处处可见和谐和尊重。我们的建设和管理始终围绕"校园如何使人更美好"这个命题。第二，我们有"最好"的老师。主要不在教师的学历高、学科专业能力强等方面，而在教师育人能力全面，懂得"师生关系学"。结合寄宿的实际情况，建校初期即提出"陪伴教育"的理念，主张"教师生活在学生中"，教师注重陪伴学生。教师常年和学生一起就餐，生活上对学生关心备至。学校设立"午间加油站""周末服务站""周末乐园"等，教师志愿辅导留校的学生。配备成长导师，开展"一帮一"活动。厦大附中最大的教育资源和最重要的教育力量是"唯美的师生关系"，是中华民族的"和"文化。第三，我们有"最好"的教育文化。其核心就是"让教育更加尊重人"。这种教育文化就是"合适的教育"。第四，我们摸索出一套"最好"的规范。在不断实践的基础上，我们建立了各门类服务标准、规范和流程，并将在今后的教育实践中逐步完善。

关于"合适的教育"，我们认为其核心是让教育更加尊重人。遵循教育规律和人的成长规律。学校坚持把"以人为本，以德育人，自立立人，和谐发展"作为核心办学理念，努力创造适合学生自我可持续发展的教育。努力处理好教育平等与差异教学的关系，建立和谐课堂，提高教学有效性，逐步探索出一套行之有效的教育思想和管理方略，形成了适合厦大附中发展的教育观、教师观、学生观、课堂观、质量观、文化观、活动观、环境观等基本的教育观点。

关于"学生喜欢"："喜欢"不是目的，只是一种表现形式。教育要顺应人性，但有原则的服务不等于无原则的迎合。任何时候，学校都不能忘记立德树人的根本任务。"几百年人家无非积善，第一等好事只是读书。"回归本质的教育学生没有道理不喜欢，坚守教育本质的学校学生没有理由不喜欢。这里有许多动人的故事，无须赘述。

关于质量：中高考质量、学科竞赛、学生综合素质提升、校园文化建设等方面都已经处在漳州全市的领先位置。近年来，中考综合比在全市 170 余所公办学校中一直名列前茅。2016 年、2017 年高考一本达线率超过 82%，进入全省先进行列。奥赛省一等奖以上获奖人数几乎占据全市的半壁江山。

反思我们的办学实践，我们认为我们抓住了"尊重生命"这个本质，抓住了"服务"这个路径，抓住了"教师"这个关键，抓住了"质量"这个根本。走内涵发展的正路，切实提升教育教学质量，初步办成了学生喜欢的学校，赢得了群众的口碑。

培育服务品质，注重内涵发展，建设服务型校园，这种探索不是教科研课题研究，所以没有结题的时候。这是一种教育信仰，只有进行时，没有完成时。追寻服务品质无止境，追求内涵发展无穷期，"办学生喜欢的学校"永远在路上。要让学校更加尊重生命，让教育始终保持温度，用适合所有学生的教育办全体学生喜欢的学校。这种服务必须要从制度约束上升到信仰高度，必须要有高度的自觉和热情，要在服务他人的过程中找到快乐、获得力量才行。如果我们倦于服务就一定会退步。从这个意义上说，质量提升必须建立在内涵不断发展上，建立在服务品质的持续提高上。内涵发展就是培育一流服务品质，就是不断提高教育服务能力和服务水平。

（2018 年 3 月）

审美追求：学校教育的责任

党的十九大指出，坚持教育为社会主义现代化建设服务、为人民服务，把立德树人作为教育的根本任务，全面实施素质教育，培养德智体美全面发展的社会主义建设者和接班人，努力办好人民满意的教育。强调"四育"并举。全国教育大会再次强调，要培养德智体美劳全面发展的社会主义建设者和接班人。"五育"并举，美育仍然是重要一环。2015 年 9 月 15 日，国务院办公厅发布了《关于全面加强和改进学校美育工作的意见》；2016 年 5 月 4 日，福建省人民政府办公厅发布了《关于全面加强和改进学校美育工作的实施意见》。就现实而言，强调美育仍有必要。在中国近现代教育史上，许多关于美育的重要论述至今仍有借鉴意义。

一、中国近现代美育思想举隅：蔡元培《以美育代宗教说》

1917 年，蔡元培先生在北京神州学会上发表著名的演讲《以美育代宗教说》，提出"以美育代宗教"的理论，认为"纯粹之美育，所以陶养吾人之感情，使有高尚纯洁之习惯"。在蔡元培先生看来，人类文化的继续发展，必然会使附于宗教的美育演进为独立的美育。那么独立化的美育与宗教相比有哪些不同呢？他归纳为四条：

（1）美育是自由的，宗教是强制的。

（2）美育是进步的，而宗教是保守的。

（3）美育是普及的，而宗教是有界的。

（4）虽然美育和宗教都有慰藉情感的作用，但是宗教也有刺激情感的弊端。

关于美育的实质和定义，蔡元培又有一段很明确的说明，他指出："美育者，应用美学之理论于教育，以陶养感情为目的者也。……不顾祸福，不计生死，以热烈之感情奔赴之；凡与人同乐、舍己为群之德，属于此类，赖美育之助者也。"这说明美育在理论上是美学，在实践上为教育，是理论和实践、美学与教育的融通结合。他还指出了美育和德育的关系："所以美育也，与智育相辅而行，以图德育之完成者也。而智育作用中，同样含有美育之原素等。"

蔡元培还提出了美育的三方面设备，或三条途径。美育之设备，分为学校、社会、家庭三方面。学校美育包括编织、唱歌、音乐、舞蹈、图画、游戏等直接的美育，也包括物理、化学、地质学、动物学、天文学、地理学、历史学等课程中所包含的美育之元素。此外，还有学校优美的自然环境，学校所在之环境有山水可赏者，校之周围设清旷之园林等。社会美育的范围就更广了，涉及街道规划、喷泉设置、美术陈列、商店招牌、园林建筑、美术院、博物院、音乐院，诸如此类。他指出美育之道，不达到市乡悉为美化，则虽学校、家庭尽力推行，而其所受环境之恶影响，终为阻力；故不可不以美化市乡为最重要之工作也。家庭美育则是在日常的家庭生活中注意美的陶养。

以美育代宗教，蔡元培先生在多个场合做过演讲，还撰有《美育与人生》等文章加以阐述，他还在北大亲授美学课，足见其对美育的重视程度。

二、《以美育代宗教说》启示：以美育人的学校首先应当是"美"之所在

1.什么是美

美的内涵是指能引起人们美感的客观事物的一种共同的本质属性。美包

括生活美和艺术美两个最主要的形态。生活美又分为自然美和社会美。美在审美关系当中才能存在，它既离不开审美主体，又有赖于审美客体。

2.什么是学校之美

在学校里，美不应是"什么"，而是"什么"都应是美；或者说不应该问"什么是美""美是什么"，而要问怎样才能做到更美。每一个教育时空，每一个教育事件，每一门课程，每一个人，都应该有审美的意义在里面，都应当有审美追求。

从分类学的角度来看，学校美仍然可以分为生活美和艺术美，而生活美又可以分为自然美和社会美。范畴之广，难以尽述。美是一种精神，它可以无处不在。譬如，民主、科学、法治、和谐、尊重、选择、理解、文明、优雅、志愿、服务、奉献、感恩、朴素、安静、平等、自由、宽柔、严谨、人性……之美，作为一种精神，它可以灌注到所有的人与事中。

蔡元培所说的"以美育代宗教"，代的不仅是一般意义上的宗教，其实也包括初民之宗教所涵盖的百科知识。蔡元培先生说："宗教之原始，不外因吾人精神作用而构成。吾人精神上之作用，普通分为三种：一曰知识；二曰意志；三曰感情。最早之宗教，常兼此三作用而有之。"所以，美育涵盖了知、情、意。这也是康德的哲学思想。故美育在学校不仅要重视，简直是无可替代。

3.美育要以"崇高"为价值取向

美育"以陶养感情为目的者也"，按照蔡元培先生对美育的定义可知，美育的目的是健全人格，重塑灵魂。审美活动的本质就在于养成生命主体纯粹而积极的情趣、发奋而有为的精神和高雅而致远的气度，以美化人，以文化人。"不顾祸福""不计生死""舍己为群"无不是崇高的精神追求，而非宗教或法律上的强制。确立"崇高"的精神信念、塑造"崇高"的人格结构、养成"崇高"的行为规范，这无疑应当成为美育之价值取向。今天，以"崇高感"为核心的审美理想，依然应当是置身于和平与现代化建设中的人们发奋进取、积极建树的精神世界的亮丽灵魂，改革征途中跋山涉水的突破与创新很大程度源自崇高灵魂对理想境界的前瞻。尤其在当前，我们亟待摆脱学科教学中将求知与求美割裂开来的"唯知"主义倾向和技术主义的刻板训练对诗性想象力的束缚。需要培植那种浩气冲天、志在创新的高尚民族精神，需要一种"路曼曼其修远兮，吾将上下而求索"乃至"不以物喜，不以己悲"的高尚的人文主义情怀——这正是以"崇高"为内核的大时代美育的深远目标。

4. 德育的理想境界：利他行为的审美化

福建省自 2018 年开始全面开启高考综合改革，学生综合素质评价将成为升学录取的重要参考。从先行试点的情况来看，综合素质评价尤其是"思想品德"的评价存在繁琐、教条、重甄别和量化过度的问题，德育功利化倾向明显。假如评价结果与录取存在"高利害"，则功利化趋势在所难免。德育不能没有目标，而一旦追求功利便名存实亡。学校德育的理想境界是将德育与美育融合起来，实现利他行为的审美化，使品格完善和精神满足融为一体。通过审美情感的中介作用，以美启真，以美储善，学习知识，完善道德，塑造人格，升华灵魂，使受教育者自由自觉地成长为全面发展的人。

我经常思考，厦大附中美在什么地方？我觉得美在"崇高"！美在教师崇高的责任感。人性美是创造幸福人生的动力。这是附中学子在学校里受到的最重要的教育，这就是附中的美育。熏陶学生的美不是风景，而是教师的德行。

"人格塑造的美育途径""在提升教育服务品质中完善美育"是我们思考和实践的重要课题。美育之于人格塑造不逊于德育，甚至更有力量、更有优势。美育靠熏陶和陶冶而非灌输和传授。美育教人向美向善向上。在美好的环境里，人的精神状态和品格自觉是异乎寻常的。

三、蔡元培美育思想的校本实践

1. 美育是校园建筑的重要功能定位

在我国，系统考虑中小学校园建设的审美功能大约只是近些年的事，而将单纯的审美意义上升到美育功能的高度，可能至今还没有普及。一般来说，学校择址往往根据需要随形就势，谈不上"风水"，没有什么可选择性；校园布局和校舍很少有个性，趋同化严重。所谓建一所漂亮学校，往往只注重外表，缺乏深刻内涵。

厦大附中创建于 2007 年，是一所新建学校。作为校长和筹建办主任，我参与了筹建的全过程，深感对校园建设的审美教育意义的考量关系到学校的内涵发展。一所有灵魂的学校，其校园校舍一定会充满生命的律动，也即高度契合学校的办学思想、教师的职业追求和学生身心发展的需要。建筑与人应当互尊重共成长。只有当在建筑中观照到人性，建筑才能上升到文化层面。所以，在我看来，厦大附中校园校舍的每一处都是生命成长和学校发展的必然，而非画蛇添足的点缀。

艺术教育是美育的重要载体。艺术再现生活，艺术展现人性美。2016 年初，投资近 7000 万元、建筑面积达 1.2 万平方米的艺术馆竣工。我们的理想是，每一位附中学子都有一些艺术特长，都有艺术爱好和艺术鉴赏的自觉性，都具备一定的鉴赏能力。期待他们未来的生活因懂得艺术而更幸福。我们在室外公共场所放置了七台钢琴，便于同学们使用。课余，总有悠扬的旋律从不同的地方传出来，丰富了校园"色彩"。2015 年 6 月 9 日上午，高三学生参加完毕业典礼离校后，有老师在一架钢琴的面板上发现粘贴了一张纸，上面写有留言："学弟学妹们好！我是你们 2015 届的学姐，一位这架钢琴的常客。首先，很庆幸你们和我一样爱音乐，并能在附中这块天地找到施展自己才能的地方。……附中三年的每个周末我都会与这架钢琴相伴，它像极了我的老朋友。也希望未来你们也可以珍惜、保护它和其他的乐器。如果在音乐上有独到的见解，可以找个知音互相交流，这样你会发现自己进步的空间如此之大。相信我，也相信音乐。不同旅程都不要忘记对音乐的信仰。愿你们与音乐同在。"我觉得这也是一种美育，甚至比艺术教育的效果还直接。

2. 形成了以"服务"为核心宗旨的文化美

厦大附中是一所具有坚定文化追求的学校。十年办学实践，我们形成了一系列文化理解和教育主张，构建了一种特色鲜明的文化价值观。我们的办学理念是：以人为本，以德育人，自立立人，和谐发展。发展目标为：培育一流的教育服务品质，办学生喜欢的学校。发展愿景为：把学校建设成一所具有文化竞争力的现代化的有特色的学校。校训是：自强不息，止于至善。意思是自觉地积极向上、奋发图强、永不懈怠，通过不懈的努力以达到尽善尽美而后才停止。其内涵就是永不停息。校风是：敦品、励学、笃志、尚行。意思是砥砺品德，发奋学习，专心一意，尊崇实践。教风是：严谨治学，精心育人。学风是：尊师守纪，勤奋学习，生动活泼，全面发展。教学楼和校园道路的命名以及校园石刻文化，大都彰显了附中人的文化追求。我们认为，校园文化建设的核心是人，是你我，是师生。我们就是文化！我们有自己的文化理解并接续传承、踏实践行，形成了独特的文化力量。我们的核心教育主张共六条：教育无非服务；办学生喜欢的学校；让教育更加尊重生命；实施人道的应试教育；教育不相信奇迹；做幸福的平凡人。这样的文化理解和教育主张是开展学校美育的基础。

3. 培育基于"人性美"的和美的师生关系

学校因学生而存在，有学生学校就有价值。没有优质生源，也许难有好的升学成绩，但完全可以建成好学校。关键在教师。我们确立了"培育和提升一流的教育服务品质，用合适的教育办学生喜欢的学校"的办学思路，将师资作为"服务品质"的核心，视"一流教育服务品质"为最高质量。真心服务学生成长，办学生喜欢的学校。这既是我们的理想，也是切合实际的发展路径。之于学校，还有比"学生喜欢"更高的评价吗？

激发教师的智慧比制度建设还重要，而制度正是用来保障教师的教学自主权的。用一个模式来定义一所学校的课堂是一件不可思议的事。我们倡导教学民主，不搞"明星制"，珍视批判精神，直面教育本质，绝不做明天后悔的事。从互信和唯美的视角来建构多维关系，在单纯和谐的人际交往中，享受专业化的生活乐趣。规划基于终身从教的专业发展，将最好的论文写在课堂上，在实践中获得专业成长。努力保持人格独立和精神超越，办有尊严的教育。

教师生活在学生中，使厦大附中的教师成为当今社会最专注于自己专业的人。突出服务，使资源和课程更好地促进学生全面发展。尊重学生的自主创造，以"我即文化"的命题，引领文化自信和文化自觉。不追求"高效课堂"，而是强调师生相伴共处的意义。尊重学生的客观差异和选择权，从关注学生的现实快乐出发，提高教学有效性。反对"为了考试"的课堂，在尊重普遍价值观的前提下努力实现教育对人的起码尊重，实施人道的应试教育。承认生命的固有价值，提倡适度教育，勉励学生做幸福的平凡人。

（2019 年 2 月）

让教育带着温度落地

我的《让教育带着温度落地》一书已由华东师范大学出版社出版。

让教育带着温度落地，就是要办有温度的教育，就是要让有温度的教育走进校园，走进每一位师生甚或家长的心灵，而不是停留在纸上。当然，这里的"温度"其实就是温暖的意思，是一种让人感到舒服的温度。

怎样的教育或者说怎样的学校才算是有温度？大约可以从无数层面进行冗长的阐述。我将其通俗地表述为"学生喜欢"。厦大附中的发展目标就是办一所学生喜欢的学校。怎样才能让学生喜欢？从理论上阐述比较费劲，以事实来说明则相对简便。这仍然比较空洞。随它去吧——"一切理论都是灰色的，生命之树常青"。我觉得，我们要从学生的脸上读懂生命的价值，要敬畏生命。敬畏便生尊重。教师由衷尊重学生，师生关系就差不了，学生就没理由不喜欢老师和学校。"喜欢"，绝不是简单迎合。这个时代，教师扮演了自己本不愿意扮演的角色，一个学生不太容易喜欢的角色，故让学生喜欢并不太容易。我的体会是，想让一个人用你希望的样子喜欢你，除了用真诚的帮助以外没有更好的办法。师生都要时刻想着尽量成为彼此欣赏、彼此喜欢的人，这不仅要克己，而且要求利他行为的审美化，这类似于一种宗教情怀。我奉献我快乐。

心理学家用下面这个实验来研究婴孩对母亲的情感依恋问题。哈洛等人设计了一个实验，研究幼猴对母亲的依恋。他制作了两种假的猴妈妈，一种是用铁丝编成的，另一种是先做一个母猴的模型，之后套上松软的海绵状橡皮和长毛绒布。实验的时候，把它们和刚刚出生的小猴放进一个笼子里，观察小猴究竟喜欢里面的铁丝妈妈还是布妈妈。一个有趣的现象出现了。如果铁丝妈妈身上没有奶瓶，而布妈妈身上有，小猴很快就和布妈妈难分难舍；即使奶瓶是放在铁丝妈妈身上，小猴也不愿意在铁丝妈妈身边多待，只在感觉饿时才跑去吃奶，其余时间都依偎在布妈妈的怀里。哈洛等人对此的解释为，小猴对母猴的依恋并不只是因为母猴能给它喂奶，更重要的原因是母猴能给小猴以柔和的感觉。如果小猴子离开布妈妈出去玩耍时，突然给它看一个模样古怪的庞然大物，这时，小猴子会惊恐万状地撒腿奔向布妈妈，紧紧依偎着它，逐渐定下心来。可是，如果把布妈妈换成铁丝妈妈，小猴就不会跑去寻求安慰。可见布妈妈还能给小猴以安全感。对柔和、温暖、安全的需求，猴子尚且如此，何况是人？一所好学校，就要为师生提供柔和、温暖、安全的环境，而不能只有铁丝般冷冰冰的制度。产生了依恋是因为感受到了温暖。一所有温度的学校的最主要特征是学生对学校产生了依恋。

上周，从美国伊利洛伊大学回国度假的逸超同学和在宁波诺丁汉大学就读的伊鸿同学来看我，他们都谈到了附中的文化，一种以和谐师生关系为核心的校园文化。他们认为，附中毕业生有一个共同的看法，他们的大学同学很少有像他们那样张口闭口都是母校好的。他们很怀念附中的生活。这使我想起"知乎"上灿程同学的留言：

前几天刮台风，人在上海，遥思附中，才更深刻地意识到自己身上永远无法磨灭的附中烙印。作为附中第一届实验班的同学，我在附中待了六年。附中看着我长大，我也见证了附中的蜕变。我第一次去附中的时候，三号楼的门前还是一块烂泥地。看着"说说"中疯传附中的树倒了不少，真是心痛得不得了。那些真是陪伴了我们六年的东西，我们是在那下面一趟趟走过，长高了，懂事了，走出来了，回不去了。

高考失利，除了伤心自己梦想破裂，还懊悔未能给附中带来荣誉。高考完去漳州实小帮忙招生，只可惜没有考得更好，未能吸引更多学弟学妹。

班里一个同学去了厦大，写了一句话"六年尝遍人间暖，十年食得厦大餐"。确实，在附中的六年里，虽然也有许多不得意和痛苦，但认识了世上最好的老师、同学和朋友，感悟了人世间的美好真情。

真的回不去了啊！

写着写着突然泪目了。

我也不是一个容易伤感的人，但是厦大附中是怎样的一个地方啊！是我看着一片草地变成艺术馆的地方！是我遇到心心相印不离不弃的人的地方！是一个毕业典礼上所有人哭成泪人的地方！是周六偷看电影，一起应付考试，走过人生蜕变岁月的地方啊！我怎么舍得啊！

哈哈，舍友看我哭了都跑过来问我了。

真的怀念过去在附中的日子，即使六年很长，久远的事情早已模糊，但那些或好或坏的影子还是让我内心颤动。

虽然附中还不能被称为福建顶尖名校，但在我心里它是最好的。起码对我来讲，它让我学会了"坚持""感恩""爱"以及许许多多其他，这已经足够了。

附中就是这样一个地方，总是有许多故事在上演，一群人那么努力或者不那么努力，一群人精彩或者不那么精彩。即使时间大都被安排好，也心甘情愿地服从。偶尔偷偷玩游戏看电影，就是最好的生活，抱怨学习任务重，但当真正离开附中迈入大学，真的无比怀念。

我不愿向别人提起自己就读的大学，但永远骄傲地宣称自己是附中人。去北大考博雅，附中只有我一个人，面对漳州一中、立人、正兴、漳浦一中的许多人，我不孤独，也不害怕，我们就是附中，我们年轻，我们骄傲，我们成长。

有点跑题，但这些都是我心里堆积的感情。

我为什么那么爱附中？

毕业典礼上我和段长拥抱，向他鞠躬。我弯下腰来的时候没看到，但父亲在旁边看得很清楚，他说那一刻段长的眼泪直接流了下来。

我为什么那么爱附中？

初三的时候在校运会上骨折受伤在家休养，一个多月没去上课，班里每一个同学都以各自的方式向我表达了关爱和祝福。或是精致的课堂笔记，或是可爱的小纸条，还有在我生日那天远远赶来我家祝福不能下床的我。

………

明年我还要去帮忙招生，后年还去，只要我有空，我年年都要去。校服我洗得干干净净放在衣柜里，随时等着为附中出力。

姚校长说，做一个幸福的平凡人。

只是附中，原谅捧花的我盛装出席只能祝福你，却再也回不去了。

这一大段的留言我读过不止十遍，每读一遍都眼眶湿润。灿程是 2016 届最有可能问鼎省、市状元的孩子，高考略有失手，但最终仍以高分被一所知名 "985" 大学录取。他一心想为母校为老师争光，结果未能如愿。其实，学校和我本人，从来就没有将这样一副重担压在他的身上。我们始终认为，学生的幸福比学校的荣誉更重要。我知道他心里很难受，但没有想到他真的受伤了。便是如此，他对母校的感情依然是那样的真挚。文化月开幕的当天，我们将 "亦乐之星" 的大幅照片和事迹介绍张贴在游泳馆工地挡板上，灿程排在最前面。我让邱云主任向灿程转达我的话："我们为你自豪！" 巧的是，随后在附近办事的灿程爸爸到学校来看我。我们谈了很久。临别时我特别嘱咐他，灿程放假回来一定要到学校，我要找他谈谈。他爸爸答应了陪他一块儿来。

"六年尝遍人间暖"，这是学生的感受。这就是温度，这就是温暖，这就是温情。是老师和学校温暖了学生，也是学生温暖了学校。附中之美美在何处？主要不是校园美景，而是师生关系。所以，《让教育带着温度落地》一书中最令我自己满意的是第二部分"生命的温度"。我不想讲道理只想讲故事。难道这些故事不比道理更有道理？

　　"你走得多么远，也走不出我的思念。"被人关心、惦记、思念就是温暖和幸福。我之所以让陪伴我六年、刚毕业的学生为我的书作序，唯一的原因是我的心中有他们。

（2017 年 4 月）

未来还做这件事

今年高考前夕，高三4班的何鸿鑫同学给我写了一封信。他在信中说："附中，让我真正感受到了集体生活的甜蜜；让我真正感受到了学习之外的校园生活的美；让我知道了原来学生、老师、保安叔叔、食堂阿姨等可以这样亲近，这样和谐，这样有家的味道。"信的最后他说："我爱这个家。"我给他的毕业留言是："学校因学生而存在，附中因你们而精彩！"

在各类社交平台上，类似的校友留言很多。这里选两例：

千言万语都无法描述对这个学校的爱。

我想每个人都会怀念他的高中，因为我们都在这个时间段做了一辈子可能都不会再做的事。为了一个目标坚持不懈的自己，偶尔青春萌动、为心里的他动心的自己，偶尔失望沮丧矫情的自己……而在这个学校，仿佛一切都变得格外美好，蓝天白云绿树，还有一群善良的人。你会看到老师和学生在同一个食堂一起吃饭；你会看到尽管已经下课，老师还是毫无怨言地待在教室给学生讲题；你会看到路上的老师和同学总是聊得有声有色，无比亲切；你会看到操场上经常有老师陪学生一起跑步一起运动的场景。如果你有留意的话，有没有发现校长每天都会走一遍教学楼。之所以用走而不是巡视，是因为我觉得他给我们的不是压迫感，而是支持、鼓励和安全感……我至今都无法忘记学校里的一切，三年过得太快，还没学会好好爱她珍惜她，我就踏出了附中校门。现在我每年都会回去一趟，尽管从家里到学校要转车颠簸三四个小时，可还是忍不住。总想着走一趟校园，遇见哪位亲切的老师，去给他们一个惊喜。可能他们不记得我了，可是我会一直记得他们。去年寒假回去了，发现之前没有教过我的老师认出我是往届毕业生也仍然热情寒暄，拿出饭卡让我去食堂吃饭。这种亲切和信任感，总让人无比感动。一个学校好不好，可能得从他的教书育人出发来评判。而我觉得育人要放在第一位。姚校长经常讲，"做一个幸福的平凡人"，在这个学校里，我体会到的并不是无情的考试成绩和竞争，更多的是这里的人教会我的善良、坚持、温暖。我想这是学到最多的。附中，一直是我的小幸运。

这里你心甘情愿去接受所有严格的规定，而且不会抱怨。就感觉在附中就应该如此。而当你离开附中上了大学，你未必还有那种去维护或保护一所学校的意愿。如果我不考研，它可能会是我这辈子待过的最高学府。一点都不夸张。这种感情可以概括成：我会告诉所有人，我属于附中，但我永远没底气理直气壮地说，附中只属于我。

这种对母校的喜欢与眷恋，源自真诚而自觉的感恩之情。他们得到了学校和老师的尊重，获得了相对自由民主的成长机会。与中考综合比、高考本一达线率、本科达线率、北清录取人数、"985"录取人数、奥赛获奖人数等反映办学质量的客观数字相比，学生的感受以及家长和社会的口碑是更准确更重要的评价。它反映了我们"培育和不断提升一流的教育服务品质，用合适的教育办学生喜欢的学校"的发展目标在一定程度上得到了实现。

未来三年适逢福建省高考综合改革步入全面实施和推进阶段。今秋入学的高中生将面临全科会考，2018年将全面开启新的招生制度改革。新方案最大的亮点是高考文理不分科。此举促使中学实行走班选修，学生因此有了前所未有的自主权和选择权。作为福建省首批高中课改基地校，我们将从2017

年秋季开始率先试水，用新课改的思维提前全面部署学校各项工作。2018年，在招生办学十周年之际，厦大附中校园将按规划全面建成。一流的办学硬件，不仅有助于落实新课改的各项要求，尤其能使我们的教育服务品质臻于完美，学生的校园生活将会更精彩。教育更加尊重生命，关键要落实到课程和教育行为上。未来几年内，我们的工作重点就是要通过课程来有效地保障"教育更加尊重生命"。我们将抓住改革新机遇，争取走出特色之路，为推进全省课改顺利实施贡献智慧。

让教育带着温度落地，安静做真实的教育，是对教育本质的回归。厦大附中建校十年一直践行"培育和不断提升一流的教育服务品质，用合适的教育办学生喜欢的学校"的办学思想。让教育在尊重生命的前提下为学生的人生增添光彩。未来，我们将矢志不渝，在十年艰苦实践和成功探索的基础上，努力让教育更加尊重生命，继续积累并提炼出可借鉴、可推广、可复制的教育思想和模式，实现学校发展的远景目标：把学校建设成一所具有文化竞争力的现代化的有特色的学校。

反思十年的教育实践，我们觉得也有很多需要汲取的经验教训，也有需要进一步提升和深入实践的地方。要在"深水区"大胆实践，要在关键点上寻求突破。学校服务学生的使命没有完成时，只有进行时。追寻服务永无止境，"办学生喜欢的学校"永远在路上。我们认为在诸多方面的探索尚显保守，尚未能给学生健康和谐的成长提供全面的服务。必须通过教育供给侧改革，继续优化服务品质，引导学校规范办学，促进学生全面健康发展。坚持从提升服务品质发力，持续稳步提高办学质量。同时，服务不是迎合，服务不是包办。学校教育并非万能，学校应恪守自我边界，不必、不能包揽学生成长的"完全责任"。差异化教育依然大有可为。学生需求千差万别，简单分类无法满足，需要通过深化课程改革满足教育的个性化需求。师生有效对接仍需摸索。让老师工作更有意义、更有价值，为其能为，为其愿为。学生参与服务型学校建设力度、广度尚有很大空间。学生尚显被动，回馈他人、投身服务意识有待加强。

历史的车轮已驶入21世纪，教育再回归到孔子和苏格拉底时代显然不可能。快节奏和无处不在的竞争，强化了教育的工具性。比较、甄别、筛选以及知识本位，使得"真实的教育"的内涵也在一定程度上发生了不可逆转的变化。我们唯一能做的就是坚守教育人的情怀。所以，我们才会说，实施人道的应试教育，在遵循普遍价值观的前提下努力实现教育对人的起码尊重。在"安静的校园"中，我们追求"稍稍有一点诗意的生存"和利他行为的审美化，笃信"挚爱是优秀教师的核心素养""教师生活在学生中""师生关系学是教师的必修课"，关注学生的现实快乐，尊重学生的自主选择，勉励学生做幸福的平凡人，办学生喜欢的学校。在安静的课堂上，我们尊重教师的智慧和教学主导权，尊重常识，追求"教有序，学轻松"的和谐课堂，懂得"爱是恒久的忍耐"，声讨"为了考试"的课堂，在尊重客观差异性的基础上提高课堂教学有效性。在这样的校园和课堂里，我们师生携手共进。这样做的原动力和目的都是为了尊重生命。

未来充满变数，但服务学生健康成长的"初心"不会改变！

（2017年8月）

内涵发展校本探索背景下的教师队伍建设

厦门大学附属实验中学由厦门大学与漳州招商局经济技术开发区联合创办于 2007 年。2008 年 9 月正式招生办学，为公办全日制完全中学。开发区地处厦门湾南岸，距一水之隔的厦门岛 3.5 海里，距漳州市区 56 公里。开发区实行的是党政企合一的特殊体制，区域内享有地市级经济和社会管理权限。厦大附中毗邻厦门大学漳州校区，是开发区的第一所中学，也是到目前为止唯一的一所中学。厦大附中的建设定位是"一流品牌中学"。在这样一个地域、体制、现状优势劣势并存、交通不便、人口不到两万人的开发区，怎样才能建成一所"一流品牌中学"？我们认为，建设一流师资队伍是关键。

结合开发区的实际，我们确定学校的发展目标是"培育一流的教育服务品质，用合适的教育办学生喜欢的学校"。将"教育服务品质"界定为硬件、师资和包括办学理念、育人目标、制度建设以及课程提供在内的学校教育文化。2007 年 11 月 16 日，在学校建设刚刚启动、教职工还只有我一人的情况下，由我执笔起草的《厦大附中四年发展规划（2007.11—2011.06）》（下文简称《规划》）通过专家评审。

在其"基础篇·人力资源"中，《规划》强调："师资队伍的质量既是学校发展的核心动力也是学校争创一流的最有效的名片。要着力建设基本素质高、工作能力强、合作意识好的教师团队，要重视通过优势明显的工资待遇、廉租住房和优越的生活环境、工作条件稳定教师队伍。在开发区的城市功能尚不完善、学校发展尚处初创阶段的关键时期，要建立良好的教师引进机制和管理机制，要让优秀教师愿意来，让年轻教师留得住，确保师资队伍建设高起点、高质量。"

在其"发展篇"中，《规划》确定的教师队伍建设的指导思想是："贯彻'人力资源是第一资源'的重要思想，强调教师工作的专业性质，发展每一位教师的双重专业知识。把教师工作所需的专业知识界说为解决问题的行动能力。引导教师以教学工作为基础投身于教育改革、研究、实验等活动。强调教师职业的终身教育性质，引导教师研究学生及其学习状态，钻研课程和教材，改善教学方法和教学策略。强调教师专业的文化品质，引导教师确立推动文化进步的社会责任感和历史使命感，从而实现教育的文化使命。"

在这样的区域背景和指导思想下，我们持续进行了十年教师队伍建设的尝试和探索。

一、专家把关——入口是关键

根据学校定位，我们力求师生比不低于1:10，所有教职员工面向全国公开招聘。实行校长负责制、全员聘任制、结构工资制。编制由开发区管委会人事部门统一管理。结合课程改革和学校特色发展的需要，专任教师的专业结构适当突破常规。首批教师按2:1招聘在职人员和应届生，逐步加大引进应届毕业生的比例。在职教师着力引进重点学校的名优教师，应届毕业生重点招聘名牌大学的研究生。

开发区管委会领导尊重知识尊重人才，实行专家治校，教师招聘工作由学校主导，组织、人事、教育等部门做好服务。领导不干预学校招聘教师，不写条子，不打招呼。学校严格按招聘章程组织招聘工作，在相关部门监督下，聘请专家进行笔试和面试工作，充分尊重专家意见。学校的意志体现在章程中，绝不干预具体的招聘工作。十年来，我们招聘的教师中，在职教师多为省内外名校的骨干教师，应届毕业生多为教育部直属师范大学和"985"综合性大学的优秀研究生。把好了入口关，就不会出现老师进不了堂、上不了课的现象。

有个故事充分反映了上级部门充分尊重学校的用人自主权。M老师是一位非常优秀的老师，为人、工作有口皆碑。她爱人是一所高校的教授，因为在厦门找不到合适的单位，夫妻分居两地。管委会领导和学校虽设法解决，但终归未能如愿。M老师申请调回原籍，学校虽然极其不舍，但还是尊重了她的意愿。调回半年内我们还是经常联系，知道她一直怀念厦大附中单纯、和美的人际关系，对新单位复杂的人事不适应。春节前的一天中午，她给我打电话，希望回附中，不知道学校还会不会接收。我说，我们一直期待着这一天，我随时可以去接她回来。但是，因为分居的问题没有适合的解决方案，我希望她再认真考虑一下，下午再给我回电话。下午她早早给我回电话，说已经决定要回附中了，他爱人也给我打电话表达了支持的意思。随后，我向管委会分管领导请示，领导就一句话："你的意见就是我的意见。"我又向主要领导请示，领导说："既然你认为是那么好的老师，我们当然欢迎她回来。"我非常感动。从教育局到人事局一路绿灯。第二天上午商调函就发出去了。春节后M老师就回到了附中。从这个故事中看到的不仅是高效，更是信任和温暖。

在职教师中，有三分之一的人入职前无法及时调档。人事部门特事特办，先办理入职手续，兑现工资待遇，待调档后再重新核算。此举简化了很多环节，使我们比较容易引进优秀教师。

二、家在情在——乐业是前提

在管委会的大力支持下，厦大附中实施的是特殊的薪酬制度。在全面落实漳州市中小学教师工资待遇的基础上加发开发区补贴和年终绩效奖，使教师的薪酬收入远高于漳州同类学校、不低于厦门市直学校。同时享受漳州开发区有限公司企业员工的相关福利。待遇不仅是生活必须，也是职业尊严。

在开发区的基层单位中，厦大附中是最早为职工免费提供临时周转房的单位。即使是刚工作的新老师，也拥有独立住房，家具也是配好的。2008年的开发区，配套很不完善，老师们初来乍到，不仅找不到地方买家具，就是买好了也不知道怎么运到房子里。我自己的经历和感受记忆犹新。虽然当时筹备处只有三个人，但我要求必须让新老师做到拎包入住，连窗帘都要装好。要让老师们有一种宾至如归的感受。在我们的积极争取下，管委会尊师重教，2012年给教师普涨工资30%，同时给教师发放购房补贴，最高24万，这在房价只有五六千元的当时，是一个很大的福利。五年来，已经有131位教职工（含24对双职工）享受到了购房补贴，总金额达1279万元。

在筛选招聘材料时，我特别关注在职教师的配偶工作状况。在不降低招聘要求的前提下，我们尽量采取夫妻双调。这一点并不为当时的领导所理解。我自然知道一个单位双职工太多不好管理，但也得实事求是，因地制宜。家在情在，没有家，连心都是漂泊的，怎么可能办好学校。另一方面事在人为，关键干部要带头，校长要带头。我们现有双职工教师35对，另外安排了12位老师的配偶担任宿管老师。双职工不仅没有给管理带来难度，反而成为学校发展最稳定的基石。如果不具备双调的条件，我一般都要亲自与应聘的老师交流，一方面表达我们会帮忙找工作；另一方面也提醒应聘者不要轻视夫妻分居的问题，没有把握不如暂时放弃。通过学校和我本人的努力，在职教师分居和配偶就业问题陆续都得到解决。目前，夫妻分居或待业的只有两三位。而青年教师在这里立业成家，结婚生子，买上了房，开上了车。在这里出生的"附二代"有78人。这些与厦大附中共同成长的教师和他们的家人，是学校发展的依靠所在。教师是学校的主人。厦大附中最大的教育资源和最重要的教育力量是"唯美的人际关系"，是中华民族的"和"文化。

三、专注勤业——敬业是重点

作为校长，我很自豪地说，我们有"最好"的老师。这个"最好"主要不在教师的学历高、学科专业能力强等方面，而在教师育人能力全面，懂得"师生关系学"，有很强的敬业和勤业意识。

结合寄宿学校的实际情况，建校初期我们即提出"陪伴教育"的理念，主张"教师生活在学生中"。厦大附中是为数不多的实行全员坐班制的公办学校。这个制度是经过教代会表决通过的。我们着力建设提升以教育服务能力为核心的师资队伍，这是整体教育服务品质的关键。我们提出："干部服务群众，行政服务教学，全校服务课堂，全员服务学生。"教师没有一定的在校时间，"服务"就是空谈。我校教师常年和学生一起就餐，生活上对学生关心备至。帮学生代购代邮，送学生到医院就诊，几乎是每个班主任的本色故事。学校设立"午间加油站"，教师志愿辅导午间留校的初中走读学生。几乎每天中午每间教室都有老师。配备成长导师，开展"一帮一"活动。课余的校园里，到处都有师生亲切交流的动人画面。厦大附中的老师是当今社会上最专注于自己的专业和职业的一群人，我们辛苦着也快乐着。

2017届高三毕业生何鸿鑫同学毕业前夕给我写了一封信。他在信中说："附中，让我真正感受到了集体生活的甜蜜；让我真正感受到了学习之外的校园生活的美；让我知道了原来学生、老师、保安叔叔、食堂阿姨等可以这样亲近，这样和谐，这样有家的味道。"信的最后他说："我爱这个家。"学生的真切感受源自教师的真情付出。

四、惟精惟一——专业是根本

教师的"第一专业"是教书育人。专业能力是根本，是职业幸福的基础。

真正优秀的教师，既是优秀的"经师"，更是优秀的"人师"。教书育人，两者具有内在统一性。不论是在"教书"中"育人"，还是在"育人"中传授知识，只要两者兼顾，可谓殊途同归。

师能为纲，惟精惟一。近年来，每年暑假都要在北师大、华师大举办厦大附中专修班，实现教师"回炉"常态化。邀请名师到校讲课也做到了经常化。坚持开展教学观摩示范课、教师技能比赛、教师沙龙等。经常举办类似"倾听身边故事，增长职业智慧，规划幸福人生"的主题论坛，借以提升教师的专业能力。坚持开展"推门听课"、师徒帮扶结对子等活动。常态课及各级各类公开课、比赛课，注重合作磨课，实现共同提高。打破学科孤立主义，走向跨学科教学新境界。同事互相服务，在合作中实现共同成长。充分调动积极性、自觉性，发挥不甘平庸、勇于探索、善于创新的工匠精神，有效提升教师专业化水平。

教研为要，呼唤创新。作为省普通高中多样化改革试点实验学校、首批福建省普通高中课程改革基地建设项目学校，我们从学生、教学内容、考试与评价等方面进行多维度研究。以数学组为例，制定《五年发展规划》，人人参与课题研究、每周研讨一个问题、每年一篇 CN 论文。强调"激发教师的智慧比制度建设更重要""最好的论文写在课堂上"，教师研究植根学生学习现实，服务学生的日常生活、深度学习、个性化健康成长，教师梯队发展效果良好。

青年教师 W，三年来每个暑假都要花一个月的时间在中国大学慕课网上学习教师专业发展类的课程。目前已拿到"翻转课堂教学法""教你如何做MOOC""微课设计与制作""智慧课堂教学法""电子书包教学应用"课程证书。平时积极参加一些名师发起的网络研讨活动，观看中央电教馆主办的会议直播，从名师身上学习。先后获得部级优课和多个省市级教学案例评选大奖，并在核心期刊上发表文章。见习教师 H 仅一个学期就听了 166 节课。类似的例子很多。近五年，教师公开发表论文 358 篇，出版专著四部；教学技能大赛等业务竞赛中获省奖以上近百人次。教师素质不断提升，为教育服务品质提升奠定了良好基础。

总之，队伍建设首先要把好入口关。要提高教师职业的吸引力，使其真正成为"令人羡慕的职业"，必须切实提高教师的幸福感、成就感、荣誉感。同时，要净化社会环境，提高师德水准，营造尊师重教的良好氛围，让教师安心从教。还要引导社会舆论，增强教师职业的神圣感。这样，师资质量和教育质量才能稳步持续提升。

（2017 年 11 月）

在追求良好师生关系中锻造师德

我主张教育要立足培养幸福的平凡人。幸福存在于和谐的关系中，在人与自然、人与社会、人与人的关系中。人的品德往往从关系中体现。师德乃为师之道，老师要懂得"师生关系学"。优秀的教师通常都有良好的师生关系。将为师之道上升到"兵法"层面，在我看来多少有些危言耸听。我的体会是，无论身处何种境地，幸福总是源自"人性美"。只有不断地发现和奉献人性美，才会有源源不断的幸福！即使在逆境中，甚至在面对敌人的时候，我们也能够通过调适好"我与他"的关系从而发现人性美，感受到人性的柔软和温暖，进而获得幸福感。举凡优秀的文学作品，无一不是通过展现人性美让我们感受到人间的美好。而在现实世界里，能带给我们幸福感的人性美是随处可见的。沉浸在这种美的幸福中，对我们的发现能力并无苛刻的要求，只要我们具备应有的思路和坚定的信念。也就是说，每个人的人生都可以是幸福的！

基于"美好人性"的视角，我在处理与学生的关系时，坚持"平等、理解、尊重、信任"四大理念。这四大理念深入我的骨髓，融入我的血液。我的教育思维的起点永远是学生，我对学生的"爱"是自然而然的。善良乃为师之根本。没有爱就没有教育。锻造师德应当基于善良和爱，对待学生能够平等、理解、尊重、信任，为师之德就会不断提高。

一、在师德"痛点"处看平等

身教重于言教。学高为师，身正为范。但没有一位老师敢说自己是道德楷模。面对老师的缺点，如果学生不以为意或者"宽容"，老师自然可以庆幸，也可以我行我素。如果碰到顶真的学生与你较劲怎么办？你愿意俯下身子与学生平等对话吗？

我曾经是个烟民，一天差不多要抽 30 支烟。1989 年底，我的学生们送给我一张自制的贺年卡，上面写道："一年一度的元旦要来临了，祝您新年快乐！在新的一年里，祝您工作顺利，万事如意！并且我衷心地希望您能改掉吸烟的坏毛病！！！"一连三个感叹号。我经过一番斗争后决定戒烟。1989 年 12 月 9 日我果断地戒了烟。后来我写了一篇文章《戒烟·教师的人格威慑力量及其他》记录了自己的体会。文章分为三个部分：教师的人格威慑是一种无形而有效的教育手段；师生应互相塑造，教师教育学生，也必然从中受到教育；教师应具有自我牺牲精神。我在文章中说："良好的品德是在发展中形成的。因此，教师要特别重视自身的人格完善。""教育者应该是社会进步力量的代表，对教育事业要虔诚。教育别人首先要教育自己。一个人的人格魅力是在发展中形成的，它所赖以形成的环境在发展中起着不可估量的作用。因而绝不可以无视学生对自己的塑造。学生在要求老师、塑造老师的同时，实际也在潜移默化地塑造自己。我们满足学生的要求恰恰完善了我们的教育手段，形成了一种人格威慑的心理机制，教育会发挥更显著的效用。"

教师的生活细节往往可以构成教育资源。今天看来，可能是我小题大做，夸大了一个生活细节的教育作用。但我的教育实践告诉我，教师的这种克制是具有教育意义的，虽然它不见得对每个学生都有意义，也不见得每时每刻都有意义。选择戒烟，最根本的动力是我崇尚师生平等。学生有错得改，教师行为不当，难道就不应该改？教师要求学生做到的，我们自己能否首先做到？如果坚持平等的理念，"戒烟"就成了必然的选择。

二、在权威遭遇挑战时多一分理解

有个学年开学两周后班里来了位男生钱同学，是上届病休复学的。虽然他总是竭力掩饰，但仍然看得出来他有明显的腿疾。初来乍到，我也不便过问，但觉得这里面必然有他自认为的重要隐私。他很少与人交流，基本是独来独往。他进出教室只走后门，而且基本都是在上课铃声响起的那一刻，仿佛生怕别人看到似的。我一时琢磨不透这位"神秘客"，只是礼节性地和他打招呼，也不急于去"纠正"他。为了走近他，我找到他上一年休学时的班主任，那位同事告诉我，她根本不了解他的情况，因为他是上上届休学复学的，只在她的班里待了一周。她还没有来得及与他说一句话他就拒绝到校上学，家长只好继续为他办理休学手续。这次是他第二次复学也是第三次就读高二。我愈发觉得问题不简单，不敢贸然家访。我又找到上上届他休学时的班主任了解情况。据这位同事说，钱同学因为春节期间在家里放烟火躲闪不及摔伤了膝盖，医院救治不当，导致关节功能出问题，落下残疾，他情绪极度低沉。家长也颇为自责，但既无良策诊治也一时开导不了孩子，亲子间基本不交流。

正在我试图接近他的时候，在复学不到两周时他又不来了。按规定，这次病休后他的学籍就要被取消了，何况他根本"无病"。我决定到他家家访。敲开他家的门一看我就明白了他们的亲子关系紧张。父母在客厅里手足无措，钱同学不仅将自己关在房间里，而且房门还上了锁。父亲用商量的口气很小心地告诉他"姚老师来了"，他居然很快打开了房门。看得出来他父母突然间有一种久违的轻松感。我用眼神示意后便将房门带上了，我决定和钱同学单独谈。要说的道理无非是那些，我自然都说了一遍。我相信不说他也明白。

他没有厌世，自然也不会轻生，他那么聪明，接下来该怎么做根本不需要我说。一个细节让我明白了他弃学的原因。和我搭档的两位"老太太"对学生要求很严，从学习态度到行为习惯都过问得很细。钱同学迟到不喊"报告"，推门即进，开门即出，而且都是走后门，她俩自然是看不惯，可能说了不中听或很不中听的话。两位老教师的批评让他一时不能接受，而批评引来了同学关注的目光，钱同学愈觉尴尬，所以他就干脆不来上学了。

问清了缘由后，我说，我去做其他老师的工作，保证不会再发生类似情况，你可以用你认为方便的方式进出教室。同时劝慰他不要太敏感，如果你自己不说，自己不在乎，我们看不出来你有什么问题。你认为自己是正常的大家就觉得你是正常的。你进班已经两周了，大家都熟悉了，没有人觉得你有什么不一样。他本就是热爱读书的，也明白今后的路也只能是努力读书。第二天他回到了教室，但照例是从后门进出。

我将钱同学的情况告诉了几位任课老师，希望大家对钱同学多一分理解，帮他度过心理愈合期。两位"老太太"虽略有微词，但最终尊重了我的意见。钱同学渐渐有了笑容。终于有一天课间我看到他和同学打起了乒乓球，虽然仍在努力掩饰腿疾，但球艺颇高，自信回到了他的脸上。不知道从哪一天开始，他已经自然地出入前后门。高考他以优异的成绩考入一所知名重点高校。

有些老师过分维护自己的权威，说一不二，一旦被学生无视，不问青红皂白便暴跳如雷没完没了。人上一百，形形色色，性格自然各异，教师应明察秋毫，因材施教。该让步时则让步，得饶人处且饶人。关键时候对学生多一分理解有可能会挽救一个人，反之则有可能断送他的美好前程。困难或迷茫也就是那么一段时间，过后一定会阳光灿烂，不必担心一时的"纵容"会使学生一辈子黑白颠倒是非混淆。

三、在真爱处见尊重

酝酿一个多月的校田径运动会如期开幕了。一大早，天看上去就比较阴沉，但雨还未下。仪仗队、运动员代表队入场，升旗，校长致辞，德育主任讲话，裁判员、运动员代表宣誓。细雨开始飘洒。我在讲话中已有意压缩掉了一半。待仪仗队、运动员代表队退场后，我已有暂停的想法。同事们说，现在雨小，说不定等会儿就停了，可以继续开。下面是三个团体操表演，学生已经练了一段时间了，正在摩拳擦掌，期待一展身手。在第二个节目快要结束的时候，雨逐渐大起来。我让同事告诉学生，第三个节目就不要表演了。气温低，学生衣服穿得少，而且还在下雨，不要冻病了。不想同事反馈回来的是，学生要求继续表演。说练了很久，不表演一下实在遗憾；而且衣服已经换好，又化了妆；再说是跳舞，冻不着。我犹豫了片刻，觉得也有道理，还是尊重他们的选择为好。

我让总务处做好学生到宿舍洗热水澡的准备，通知食堂熬些姜汤。此时，老师能做的也只有这些了。我在广播里为他们加油鼓劲。表演结束后，立即通知他们回宿舍，洗好澡后到食堂喝姜汤。事后了解，没有学生因此感冒生病。做出停止演出的决定，在我是最自然不过的事。没想到学生此时的想法与我们老师的想法不一致。这使我想到，我们与学生之间还是有距离的。

在专业领域外，教师不一定就比学生高明。当今社会，知识的信息化、网络化、交互性，使师生完全处于相同的学习平台。对一日千里的知识更新、手段更新、工具更新的了解和适应，教师并不必然能够超过学生。在这样的背景下，师生一改传统的师徒关系转为学习的伙伴关系。包括关心、关爱，都应当建立在平等的前提下。稍不提防，"爱"也会伤害学生。在韩剧以及动漫风行之时，我这个从未看过一部韩剧和动漫的老师，不见得能够看懂学生写的文章。我们的价值观和言语体系存在大量不重合的地方，彼此或许就是朝夕相处的"陌生人"。我们的教育行为与学生的期待及健康成长的要求之间存在一定的距离。这个距离就是教育距离。在彼此存在距离的时候，尊重对方才是最好的姿态。所以说，有一种爱叫尊重。换言之，尊重是一种无声的教育服务。

四、在文明"陷落"时珍存一份信任

喷泉边种了几垄沿街草，无需修剪，四季常青。然而有一处拐角总是被踩踏，形成了刺眼的"三角地"。这一块特殊的"三角板"，能丈量出我们的文明程度和对规则的遵守程度。怎么解决这个问题？有人说立块牌子，我觉得立牌子比黄土更难看。在我的督促下，复种过几次，但一直长不起来。

"三角地"的形成主要是做操时有同学"超"人所致。往往是不自觉的选择。据我观察，草未必全是人为踩掉的，更大的可能是干死掉的。花工浇水用一个自动喷头，喷头在那里旋转，"三角地"在它的半径以外，永远浇不到水。这样，脚底板和缺水共同作用，于是那里就一直那么光秃秃的。渐渐地大家觉得那就是条"路"。我不相信学生会一脚踹到好端端的东西上。于是，我决定做个试验。试验的要旨是，初期全力呵护，一定要让这里的草长得和旁边的差不多；长成后，要重点养护，至少不使其缺水。

我决定亲自干。最重要的事就是浇水。不仅是润物的需要，更重要的是，浇成一摊烂泥让他们下不去脚。每天我浇三次水，从喷泉里取水，来回跑四到六趟。往来的师生总是好奇地看着，也有问的，还有学生问是不是种了什么菜。我总是简单地回答：我要浇足水，让想踩踏的人下不去脚，让草长起来。大家都怀疑地点头。两个月后，草开始长起来。黄土地渐成草毯。在此后的半年里，又经过几番补种、施肥以及日复一日的浇水，其长势终于与旁边的草完全相同。

我相信，只要园丁有足够的责任心和耐心，哪怕它面临无止境的被践踏的威胁，这丛小草也一定能长起来。道理很简单。若小草茁壮，路过的人未必就忍心踩下上去；若浇灌及时，施肥得当，少数几个人的践踏未必能伤害它。用了近一年的时间，"三角地"终于绿草如茵。没有立栅栏保护，没有立牌警示，也没有开大会训话，只是校长做了回"园丁"，于是问题就解决了。

　　我不相信我们的学生会无故踩踏小草，我相信其中必有可以解释的理由。对于大多数人来说，只要有较为充足的资源和必要的秩序、规则，大家都愿意做个君子，保持绅士风度。我觉得学校要在资源、秩序、规则上下功夫。这是保证秩序的基础，也是让所有人成为绅士的前提。另一方面，我宁可上一当也不轻易怀疑人。我觉得信任是真诚相处的前提。相信学生不仅是教师应有的涵养，也是一种潜在的教育力量。

　　教师首先是"人"，其次才是教师。人要生活在"人"当中，人只有靠人来培养。所谓师德，固然有其特定内涵，但依然是做人的普遍准则在特定职业当中的不同表现。事实上，不惟各种职业道德之间灵魂和精神普遍相通，便是与社会公德、家庭美德以及狭义的私德之间也不会有明显的界线。高尚的人不可能是"两面人"，为师为人是一体的。立德树人，教师应以德养德。为师之道，在平等、理解、尊重、信任的基础上，在"唯美"的师生关系中不仅可以锻造师德，更能创造职业幸福。

（2018 年 2 月）

校园文化美在师生关系

校园文化与其他一切文化一样，既有可见的物质文化形态也有可感不可见的非物质文化形态。校园文化建设的宗旨应当是"使学校更像学校"。学校的本质是育人，所以，校园文化的功能在于能使学校更好地育人。我认为，校园文化建设的核心是人，也即：文化建设要靠人；文化呈现还要靠人；文化的服务对象仍然是人。而排在第一位的"人"就是学生。我即文化，许多时候文化就是你我。一切与学校有"缘"的人都是学校文化的一部分。所以，校园文化建设就是你我的思想建设、修养建设等。

厦大附中是一所具有坚定文化追求的学校。我们的文化价值观的建立基础是人的成长规律和教育规律，我们的价值选择充分尊重人的现代意义。文化力量的培育在扎根现实中国大地的前提下，吸收古今中外的一切文明成果，结合学校和区域实际情况，确立并不断完善办学理念、发展目标、发展愿景等诸方面的文化元素。历经十年办学实践，我们形成了一系列文化理解和教育主张，构建了一种特色鲜明的文化价值观。其核心教育主张有：教育无非服务；办学生喜欢的学校；让教育更加尊重生命；实施人道的应试教育；教育不相信奇迹；做幸福的平凡人。从中不难看出，我们的校园文化建设始终围绕着"学生"这个核心。

从本质上说，文化育人是美育而非德育。校园文化的育人功能和途径应该突出"审美"。正因为"学生"是校园文化建设的核心，所以，"人格塑造的美育途径""在提升教育服务品质中完善美育"是我们思考和实践的重要课题。美育之于人格塑造不逊于德育，甚至更有力量、更有优势。美育靠熏陶和陶冶而非灌输和传授。美育教人向美向善向上。在美好的环境里，人的精神状态和品格自觉是异乎寻常的。所以，校园文化建设应当突出文化的审美意义和审美价值。而最美和最有教育力量的文化是良好的师生关系。师生关系就是教育质量。好的师生关系就是好的教育。所以，建设一支优秀的师资队伍，让和美的师生关系焕发出的审美意义和审美价值，更好地促进学校的文化育人，正是教育的本质所在。

一、"最美教师"是最稳定的校园文化因子

　　校园文化建设的核心是人，而教师在文化建设中往往起主导作用。教学虽可相长，但就影响力大小而言，教师的作用更显著。因此，我认为校园文化中最重要的和最稳定的因子是师资，是教师素养。教师是校园文化建设的直接参与者和引领者。学生参与校园文化创造离不开教师的启迪和引领。从某种程度上说，有什么样的师资队伍就会有什么样的学校文化。就特色立校而言，教师素养的独特性决定着学校的独特性，只有与众不同的教师才能办出与众不同的学校。换言之，教师素养是最不易被"偷"走的校园文化，也是最不易被复制的办学特色。我的硬件、生源、制度规范等都可以被你拿走，但你仍然不能办成我这样的学校；相反，还是我这批人，从零开始，还能办成一所高质量、特色鲜明的学校，而且精神一以贯之。我的教师素养就是茅台镇的土壤和空气。离开这里，你有配方也做不出地道的"茅台酒"。这就是教师素养作为文化的力量。作为教师群体自身，以特色文化立校要在自身素养上下功夫；作为学校，以特色文化立校要在师资队伍建设上下功夫。有没有特色文化，说到底就看你有没有足以支撑特色发展的师资。那种"独特的土壤和空气"才是真正的文化特色。培育这种"独特的土壤和空气"正是校

长的使命。

作为校长，我很自豪地说，我们有"最好"的老师。这个"最好"主要不在教师的学历高、学科专业能力强等方面，而在教师育人能力全面，懂得"师生关系学"，有很强的敬业、勤业和专业意识。

根据寄宿学校的实际情况，建校初期即提出"陪伴教育"的理念，主张"教师生活在学生中"。厦大附中是为数不多的一直实行全员坐班制的公办学校。我们着力建设以提升教育服务能力为核心的师资队伍，这是整体提升教育服务品质的关键。我们坚持"干部服务群众，行政服务教学，全校服务课堂，全员服务学生"。教师没有一定的在校时间，"服务"就是空谈。我校教师常年和学生一起就餐，生活上对学生关心备至。帮学生代购代邮，送学生到医院就诊，几乎是每个班主任的本色故事。学校设立"午间加油站"，教师志愿辅导午间留校的初中走读学生。几乎每天中午、每间教室都有老师。配备成长导师，开展"一帮一"活动，课余的校园里，到处都有师生亲切交流的动人画面。厦大附中的老师是当今社会上最专注于自己的专业和职业的一群人，我们辛苦着也快乐着。

教师的"第一专业"是教书育人。专业能力是根本，是职业幸福的基础。真正优秀的教师，既是优秀的"经师"，更是优秀的"人师"。教书育人，两者具有内在统一性。不论是在"教书"中"育人"，还是在"育人"中传授知识，只要两者兼顾，可谓殊途同归。

教师崇高的人格魅力是最重要的教育资源，是不言之教。事实上，灵魂和人格一旦进入"崇高"，美育和德育就自然交汇。德和美都追求崇高。而当崇高的品行被弘扬成为一种文化时，便有了审美功能。此时，德育和美育有机融合，砥砺品德的同时也是陶冶情操，反之亦然。帮助别人，快乐自己！教育就是这样的事业，教师尤需要这样的情怀。

二、美在师生关系——附中人的美好故事

我常自问，厦大附中美在什么地方？我的回答是美在"崇高"！美在教师的崇高的责任感。人性美是创造幸福人生的动力。懂美，爱美，创造美，奉献美，我们的人生就会一路风光无限。这是附中学子在学校里受到的最重要的教育，这就是附中的美育。熏陶学生的美不是风景，而是教师的德行。

文化建设要讲好校园故事，这是我的一个主张。我曾在《福建教育》发表《文化建设离不开讲好校园故事》一文予以阐述，并在《福建教育》上开设"姚跃林侃校园故事"专栏。我撰写的校园故事超过100个，其中以"校园故事传真"为题的故事就达到70个。这些故事都是能给人温暖、令人感动的故事。传播故事是德育更是美育。厦大附中的美育教材就是那些美好故事。那些极具审美意义和审美价值的故事便是学生的终身美育教程。好老师就是有故事的老师，好学校也是有故事的学校。我一直倡导老师撰写亲历的教育故事。好的故事就是教育，就是教育素材，就是校园文化。优秀教师就是有故事的老师，校园文化更多的就是一个个故事。我一直在搜集故事，记录故事，回放故事。自然，我往往也是故事中的"人"，我从故事中体会到了教育的价值，感受到了人性之美和育人的意义。

这里讲两个小故事。

特别的关怀

昨天早操后，我路过教学楼，发现救护车停在那里。过去一问，有人说初二一位男生的心脏不舒服。我正准备上楼，几位同事和大夫一起用担架抬着学生下来了。开车前，家长也赶过来了。班主任曾丹燕老师跟车将学生送到了几十公里外的市医院。学生现在还住在医院，但已无大碍。这位同学患先天性心脏病，八岁时在市医院做过手术，初一时还到医院治疗过一次。一

开始，家里并没有告诉老师。丹燕也是才接手这个班级。她很细心，了解到了这个情况。昨天早晨不到七点的时候，丹燕到班级，看到他趴在那里。因为还早，以为他在小憩，就没喊他。丹燕在办公室待了一会儿，不太放心，又到教室去看了一下。发现他还趴在课桌上，走近一看，觉得不对，他脸色发青，手冰凉。几位老师、同学将他搀扶到教室隔壁的办公室。丹燕觉得问题很严重，于是一方面打120，一方面通知家长。120来的时候，他的意识已经有些模糊。医生赶忙插上氧气，接着就用担架抬上了救护车。现在回想，假如老师没有这一份爱心和细心，可能就会导致很严重的后果。这里的"细心"非常重要。课前课后，学生趴在课桌上休息是常见的事，能发现其中的蹊跷是要有一种特别关怀的。

我为老师撑伞

一个周三的傍晚，我从食堂走出来，天已黑透。我到洗手池洗漱。门口的灯未开，光线朦胧。在我准备折向洗手池时，一位小女生高高地撑起一把雨伞站在那里，说："校长，下雨。"我明白她的意思是要我走进她的雨伞，免得淋雨。我本要说"谢谢，不需要"，因为我只需一步即可跨过去。那里是个小天井，天黑，我并不知道已经下雨。而且，如果她不站在那里，我侧身即可过去，基本淋不到雨。当我隐约看到她天真、真诚、期待的眼神时，我毫不犹豫地走进她的伞，同时说："谢谢！下雨了呀！"我朝天看了看。她说："校长，要不这伞给您，我到宿舍很近。"我连忙说："不需要，谢谢！你看，我有伞。"指了指站在她身后的我太太。她回头看了一下，说声"老师好"，含笑说声"再见"就离开了。太太说："孩子多好！"我在顿感温暖之余由衷地为他们自豪。

记得几年前的一个中午，我从教学楼听课下来，准备回办公室，正好碰到下雨。在我走出走廊有点不知所措的时候，一位女生撑着伞走过来，说：

"校长，给您伞。"我说："不要，你赶快去吃饭。"她说："我正好到南门拿快递，我们一起走。"于是，我们共撑一把伞走到行政楼。告别后我就上了楼，在三楼的拐弯处，我透过玻璃幕墙，看到了返回的她。其实，她并没有到南门去。那一刻，我真的很感动，站在那里看着她走出了我的视线。

100个甚至更多这样的故事构成的校园文化就是美的文化，其审美意义和审美价值是巨大的，远远超过环境美和艺术美。更重要的是，这些故事的主人公是师生，这里的文化之美是"人"创造的，因而更具有教育意义。所以，校园文化建设应立足审美意义和审美价值，核心是立德树人，重点是建设美好的师生关系。

（2019 年 8 月）

何谓人道的应试教育

　　"素质教育"和"应试教育"的概念，因其都有特定的内涵而得以成立。但比较而言，"素质教育"一词更不容易站住脚，因为全面提高人的素质本是教育的应有内涵。而"应试教育"则不然。即使不谈"素质教育"，也即没有"素质教育"这个相对概念，作为一种现象，"应试教育"也是存在的。换言之，即便我们认为"素质教育"这个概念不成立，也不影响"应试教育"这个概念存在的合理性。从其出现的先后来看，两者并非作为对立物同时出现的。"应试教育"的概念要早得多，而应试教育的现象存在的历史更久远。应试教育的突出特征是不以人的健康成长为核心，而以应对考试为核心。以分数论英雄，一切围绕考试转。故应试教育显然背离教育的本真。

　　社会运转可以离开考试吗？教育可以没有考试吗？可能都不可以。只要有选拔就必然有考试，尽管形式可以多样。只要有考试就必然有应试，只要积极应试能奏效，你就阻止不了应试主义的生长。故从中国的考试文化和现实基础来看，在可以预见的相当长的时期内，企图通过顶层设计解决应试教育的问题是不可能的。也即通过一纸文件或某个机制从举国的层面上革除应试教育的弊端，使教育回归到真实，至少在目前是绝对做不到的。所以，近20年来，改革虽热火朝天，但丝毫不曾动摇过应试教育的根基。随着中高考招生制度的新一轮改革，应试教育会变得更加理直气壮，学生的课业负担会随之更加沉重。单从这一点来看，教育似乎是没有什么进步的。

　　"素质教育"大可不必搞，因为本就不存在素质教育；应试教育绝对不能要，因其乃目中无人的教育，严重影响国家和民族的发展。我有一万重的担忧，但我不想说，说了也没用。既然不能没有考试，也不能没有应试，我们就只能搞"消极的"或者说是"理性的"应试教育，我称之为"人道的应试教育"。2013 年 4 月 19 日，我在《中国教育报》上发表了《高考改革需要找准逻辑原点》一文。在这篇文章中我第一次公开提出了"人道的应试教育"的概念。厦大附中建校八年来，我们也在努力地践行着这个概念或者说理念，努力使学校避免成为高考工厂或应试牢笼，努力使学校保持着它应有的美好，努力使教师依然还是学生觉得可爱的人，从而办一所学生喜欢的学校。

何谓人道的应试教育？我不想也不必长篇大论。既然是人道的，起码不能硬生生地给孩子们带来痛苦和恐惧。让孩子们乐于上学，乐于学习，免于恐惧，这应当是基本点。接下来，我只能挂一漏万地罗列一些想法。

如果学习成果不是用来选拔和淘汰的，我们大人何妨扪心自问：孩子们有必要学那么多那么难的知识吗？如果没必要，我们为何不教得浅一点少一点呢？假如我们自己做不了这个主，我们难道不可以少搞点题海战术？或者教师自己跳进题海，精选一点题，尽可能让学生少做那些不必要做的题。对那些根本对付不了题海的学生，我们多一分宽容，放他一马，可以吗？不做无谓的纠缠可以吗？这就是我说的"人道"。

教育不能剥夺学生的身心健康，这难道不是明摆着的道理吗？就算心理健康这个问题比较复杂，姑且放在一边。单说这身体健康，现状如何？强身健体，需要锻炼。一个可见的事实是，全中国的学生都被繁重的课业负担压得喘不过气来。面对一个常识性的问题我们深思过没有：每晚 6 点到 11 点，全中国的孩子都在干什么？都在做那些无关提高素质只关乎提高所谓的竞争能力的习题。这简直是一场"集体自杀"！目光稍微远大一点，放弃一点眼前的利益，让孩子们在长身体的关键时候，多睡点觉，锻炼好身体，这才是我说的"人道"。

能不能让"只要学不死，就往死里学""生时何必多睡，死后自然长眠""增加一分，干掉千人"这种反人道的标语口号从学校绝迹？别一天一排名，一天一次励志教育，不人为制造紧张乃至恐惧的气氛，为学生提供稍稍有一点诗意的生存环境，这就是我说的人道。

我们鼓励孩子刻苦学习，但能否容忍他不刻苦学习？我们期待他喜爱数理化，能不能也赞赏他迷恋音体美？在几大学科学习之外，学校还能不能给学生提供更多的成长平台，并且真心地鼓励他们广泛地参与？尊重学生的自主选择，这就是我说的人道。

在讨论教师的批评权和惩戒权的时候，能不能在"爱"的基础上超越体罚或变相体罚的低层次，寻求更高明的解决方式？师道一旦尊严到学生提到老师就做恶梦、见到老师就两股战栗的地步，教育教学就很难有效展开。师生关系呈现为以"人性美"为核心的唯美的人际关系的美好图景，这才是我说的人道。

应试教育最突出的表现是什么？我以为首要的是"为了考试"的课堂普遍存在，即露骨地为了考试而教学，形成了严重的教学对考试的单一口径，竟至于课堂因考试而存在。考试是无法避免的，因此应试能力也很重要。但考试只是检验学习成果的手段之一，远非目的。也即考不好是有问题的，而考得好不等于学得好。如果只对考负责，不仅考不好，而且学不好。同时，学习是一辈子的事，课堂要养成学生读书的兴趣和习惯。致学生怕读书的课堂是最坏的课堂，"为了考试"的课堂就是这类课堂。让"为了考试"的课堂减少到最低程度，这就是我说的人道。

学校是师生云集的集体，故离不开道德的规范和纪律的约束。但学校既非军营亦非监狱，任何为了提高应试教育效率而采取的军事化和监狱化的管理手段都是不合适的教育手段。不将学校办成军队和监狱，将学校办成学校应有的样子，这就是我说的人道。

......

我不想一一列举下去。其实，心中时刻将孩子当作一个独立的、完整的、有尊严的人，即便深陷应试教育的泥潭而无力自拔，也总能找到"人道"的办法。

　　真实的教育一定是人道的。什么是真实的教育？"立德树人"是最精炼的概括。立什么德？社会公德、家庭美德、职业道德。树什么人？身心健康、和谐发展的人。拿"立德树人"四字衡量当下的教育、校园、课堂及至教材、教育方式、教学方法等，我们不难发现其中少有这四个字的精神。大家都在努力做着自己不愿做且无实质意义的事。

　　历史的车轮已驶入21世纪，教育再回归到孔子和苏格拉底时代显然不可能。快节奏和无处不在的竞争强化了教育的工具性。比较、甄别、筛选以及知识本位，使得"真实的教育"的内涵也在一定程度上发生了不可逆转的变化。身处其中作为者何？独善其身已然不能，遑论兼济天下！我们唯一能做的就是坚守。所以，我们才会说，实施人道的应试教育，在遵循普遍价值观的前提下努力实现教育对人的起码尊重。在"安静的校园"中，我们追求"稍稍有一点诗意的生存"和利他行为的审美化，笃信"挚爱是优秀教师的核心素养""教师生活在学生中""师生关系学是教师的必修课""关注学生的现实快乐"，尊重学生的自主选择，勉励学生"做幸福的平凡人"，办学生喜欢的学校。在"安静的课堂"上，我们尊重教师的智慧和教学主导权，尊重常识，追求"教有序，学轻松"的和谐课堂，懂得"爱是恒久的忍耐"，声讨"为了考试"的课堂，反对"高效课堂"的提法，在尊重客观差异性的基础上提高课堂教学有效性。在这样的校园和课堂里，我们师生携手共进，求得心灵的净化。我们是时代的一分子，但我们是有独立思考精神的"我们"。

　　我们无法逃避应试教育，但我们可以实施人道的应试教育，在遵循普遍价值观的前提下努力实现教育对人的起码尊重。

（2017年3月）

十年只做一件事

2007 年 6 月我第一次来到福建，第一次踏上漳州开发区的土地，来到一处叫寨山的地方，开始了挖山填海造地建校的历程。2008 年 9 月，厦门大学附属实验中学招生开学，我和来自全国各地的 20 位同事带着区内 240 位居民（村民）和外来务工人员子女，开启了全新的教育之旅。

厦门大学和漳州开发区管委会确定厦大附中的发展定位是"全国有影响力的知名学校"。这个定位是学校的发展目标，也是学校选择发展路径的基本依据，同时也是全体师生尤其是教师的教育理想所在。理想很丰满，现实很骨感。厦大附中所在开发区户籍人口只有一万多人，生源不足。而且因为历史惯性，"优质生源"大量外流。所以，我们当时就是一所乡村中学。如果只盯着"升学率"，则学校发展是看不到出路的。我们审时度势，形成了两个基本认识：一是将"服务开发区"和"建设知名学校"两大任务有机统一起来。二是转变质量观，坚定自己的价值选择。这个质量观的核心是要从单纯追求升学质量向全面提高教育服务质量转变，要将培育一流的教育服务品质和服务水平作为我们努力的方向。

没有一流生源，可不可以有一流的师资，能不能建成知名学校？我们的回答是肯定的。生源可以决定学校的管理风格和教师的教学风格的不同，但不能决定教师的研究能力和教育水平的高低。教师的专业成长是可以建立在不同类型的生源之上的，与什么样的学生没有关系。学校何以知名？根本在人，关键在教师，看教师能培养什么人、培养了什么人。厦大附中建设一流学校的征程不能等到什么时候有了"一流生源"再开始，这一天是等不来的。所以，即便升学质量暂时还不高，学校仍然可以在提高升学率以及提升办学能力和办学水平上有所作为。因此，我们提出了要培育一流的教育服务品质，并且将一流的教育服务品质视为教育质量的最高境界。我们认为，所有教师都希望得天下英才而教之，这在情理之中；而所有学生都有平等接受教育的权利，这是法理规定的；同时，所有的学校，只要它还在为一个学生提供优质服务，就有存在的理由。我们要从教育的本质出发来形成这样统一的认识：只有为所有学生提供合适的教育服务的学校才能算是好学校。

十年来，我们一直向着"培育和不断提升一流的教育服务品质，用合适的教育办学生喜欢的学校"的发展目标稳步迈进。我们提出，要在遵循普遍价值观的前提下实现教育对人的起码尊重。"普遍价值观"包含"普遍质量观"，即在一定程度上我们"迎合"或"顺应"了大众的质量评价尺度。我们重视课堂质量和升学质量。对于一所新学校而言，除了重视质量别无选择。"实现教育对人的起码尊重"，是指学校教育要尊重规律、尊重生命、尊重学生的选择，要让学校保有其朴素的诗意。至今，七届中考、六届高考、学科竞赛等方面成绩在全市名列前茅，成为名副其实的新兴优质学校。

让教育尊重生命，让学校尊重学生，突出表现在我们对"教育服务品质"的孜孜追求上。十年来，我们从五个方面开展"以优化服务品质为核心"的学校内涵发展实践。

一、建筑服务人：建设服务型校园

建设人性化校园，体现和谐与尊重。建筑密度尊重生活和审美习惯。将空间尽可能多的留给学生。强调人与自然、人与建筑的和谐，凸显建筑对人特别是对学生的尊重。

各类场馆完善，满足学生个性化发展。学校因学生而存在，活动场所全天候向学生开放。一流生活设施提供优质后勤服务，丰富的功能室使学生的个性化发展成为可能。

二、教师服务学生：建设以一流教育服务能力为核心的师资队伍

挚爱教育，师德为先。将师资作为"服务品质"的核心，视"一流教育服务品质"为最高质量，提出"'师生关系学'是教师的必修课""挚爱是优秀教师的核心素养"等理念，突出强化教师工作的敬业意识、乐业意识、职业规范意识和勤业意识。

师能为纲，惟精惟一。开展教学观摩示范课、教师技能比赛、教师沙龙、师徒帮扶结对子等活动；面对常态课及各级各类公开课、比赛课，注重合作磨课。打破学科孤立主义，走向跨学科教学新境界。

教研为要，呼唤创新。作为福建省普通高中多样化改革试点实验学校、首批福建省普通高中课程改革基地建设项目学校，教师积极申报多项课题，从学生、教学内容、考试与评价等方面进行多维度研究，提高自身的学识和教育教学研究能力。

三、教学服务学生：培育以生为本的教学生态

教学是学校教育的核心。建设以生为本的教学服务机制，全面落实并创新实施国家课程，开发丰富的校本课程，彰显符合人性和身心发展规律的课堂伦理。

设置特色校本课程，促进学生个性发展。开设 30 余门校本课程，涵盖人文、科学、艺术、体育健康等领域。地域特色浓厚，个性化特征明显，基于

校园现实，呼应学生的兴趣爱好、成长需要，很好地开拓学生视野，深度挖掘学生的潜质。

构建和谐课堂文化，关注学生现实快乐。课堂文化是学校文化的核心元素。课堂教学以优化服务品质为核心，既着眼学生终身发展需要，又关注学生的现实快乐。不简单套用某种"模式课堂"，不搞"应试课堂"。"合适的教育"首先存在于课堂。学生的"现实快乐"就是"听得懂，学得会"。基于学情和教情，致力于形成"教有序、学轻松、重和谐"的教学生态。课堂空间开放有序。基于课标，不唯教材，在尊重学生兴趣的基础上追求创造性、多样化。课堂风格质朴善美。努力祛除花哨和繁杂，着力构建简约务实的课堂。倡导在遵守基本师生伦理基础上的平等对话。课堂上学生自主发问、敢于质疑成为常态。

确立灵活常规机制，保护教师的创新意识和创造权利。激发教师智慧重于制度建设。尊重学科特点、教师个性，不搞流水线，不追求标准化，提倡"写有用的教案"。教学常规考核不是简单的量化检查，"给负责任的老师以必要的自由空间"。

建立"六年一贯"实验机制，探索创新人才培养途径。自2010年起，开展"中学六年一贯制"培养模式实验，探索"为资优生提供合适的教育"课题。学生无中考，不淘汰。立足六年一贯，设置多样课程。学校努力将创新体制下更多的时空支配权和课程自主权转化为学生的现实学习能力。除省颁课程外，还开设特需课程、拓展课程。2012年起成立"小小科学家实验室"，对于有竞赛兴趣和潜力的学生，安排专门教师辅导，培养学生的探究兴趣和操作能力。搭建阅读创作平台，培养学生的人文核心素养。以各项写作赛事为平台，激发写作热情。创新评价模式，英语口语纳入评价体系，培养以口语为基础的外语能力。"六年一贯制"实验以来，取得累累硕果。

四、校园文化服务学生：以丰富多元应对差异化学情

师生关系亲厚和美。建校初期即提出"陪伴教育"的理念，主张"教师生活在学生中"，教师注重陪伴学生。教师常年和学生一起就餐，生活上关心备至。设立"午间加油站"，教师志愿辅导午间留校的走读学生。配备成长导师，开展"一帮一"活动。

楼宇道路命名润物无声。校园楼名突出"行"之理念，力行、知行、景行、笃行、敏行、洁行等，呼应校风、校训和办学理念。

社团文化精彩纷呈。成立了20多个学生社团。12月是固定的校园文化月，集中开展数十项活动。学校极其重视"课堂之外"的教育服务，充分发挥团委、教研组、学生社团等作用，充分利用厦门大学、地方媒体、开发区文联等校外资源，为学生争取更多的展示才华的舞台。

周末讲座开拓文化视野。针对寄宿特点，每周末举行一次讲座活动。校内教师、校外专家、学有专长的学生等，都可登台开讲。

追求德育理想境界：利他行为审美化。让学生在审美中实现自我化育。提出"我即文化"，认为学生同样是校园文化的创造者，应该激发学生的文化创新意识，让他们成为校园文化的践行者和创造者。经历"服务文化"的熏陶，附中学子普遍心存感恩、阳光健康、自信大气、乐于助人。

五、构建以服务质量为指向的教师评价体系

学校提供的产品是教育服务，学生是教育服务的对象。学校将对教师的评价由单纯的对教学成绩也即"分数"和"升学率"的评价，转化为对教师的教育服务态度、能力、行为、水平、创新性和成效等方面的综合评价。重视考量教师担任成长导师、志愿服务、讲座开设、活动组织、课程开发、专业驾驭等层面的工作。

强调"口碑"是最好的评价。淡化对"分数""名次""升学率"的直接考核，使教师之间、师生之间的人际关系更加和谐，教和学的效率更高，团队力量更强，直接促进了学校整体办学质量的稳步提升。

经过近十年的发展，厦大附中已经成长为具有"一流服务品质"的优质学校。其突出标志是学校尊重生命、尊重学生，学生真正成为校园的主人和教育活动的核心。

（2019 年 8 月）

2020 年第一天

照常 5 点 50 分起床。拉开窗帘，窗外依然一片夜色。洗漱毕，换装，天海连接处有一线红色，转身拿起手机拍了两张照片，发了个朋友圈"东方欲晓"，随后夫妻双双把班上。严格地说是我陪太太上班。元旦这天高三举行质检的模拟考试，我称之为模拟之模拟考试。我不知道各班有没有搞关于模拟之模拟的模拟。后来在 8 班黑板上看到了这样一行字："新的一年由新的考试开始。"释然。我们总能找到"意义"，总能在平凡而平淡的生活中找到"诗"。太太上午监考第一场，语文，两个半小时，7 点半开始，7 点 15 分到场；下午监考一场，数学，两个小时；晚上正摊上周三晚自习，三个小时。显然这一天与放假无关。高三外，其他老师正常放假。当然，高三老师如果不监考第一场也可以睡个懒觉。因为只放一天假，高一高二和初中寄宿的学生留校自习，所以对于学校干部来说也无所谓放假。而我，不仅因为"我"的缘故，也因为太太的缘故，这新年第一天早晚两头注定要披星戴月。

6 点 50 分进食堂吃饭。学生不多，估计是高三学生已吃过，其他年级学生不必着急之故。用餐毕，便想到食堂屋顶平台上眺望一下日出。运气不错，虽然云层较厚，但还是在校园里的高楼间享受到了新年的第一缕阳光。然后走过宿舍区、操场、登上亦乐园，又走过图书广场，穿过图书馆。心动便拍照。然后在一路的"新年快乐"声中走过知行楼、景行楼、敏行楼和洁行楼的一二层，最后到达安静的高三年级。他们开考已有一会儿了。

回到办公室。回祝福送祝福，折腾近一小时。然后看书。10 点刚过，远程给岳父岳母点个外卖，红烧鸡块、红烧鱼块和家常豆腐各一份，费用是非常喜庆的 81.99 元（"爸要久久"）。2020 年，岳父 90 岁，岳母 88 岁，可谓"仁者寿"。40 分钟后他们就吃上了新年午餐。刚点好外卖，接到一毕业生家长的电话，她陪朋友一家到附中参观，想来看看我，我们在办公室聊了会儿。其间又接到弟弟的电话，他是个"头目"，所以也在值班。通话毕，送客毕，又接着看了两眼书，太太用 QQ 呼叫我"吃饭"，然后到食堂吃午饭。到了学校东门，远远就听到在体育馆东门处等我的太太在例行电话"督查"爸妈午饭，乡音温软。在我们家她是老大，在他们家她历来亦是老大，爸妈都听她的。电话一路打到食堂。中午我吃的啥现在早已忘记。

午饭后，我们照例沿环校路回我办公室。中午，太太一般会在我办公室沙发上躺一会儿。刚走到游泳馆，她说要去改卷子。这次轮到她一人改全年级的作文，工作量大，怕耽误进度，想中午加班。我劝她中午还是要休息会儿，下午还有监考，晚上还有晚自习。她又说不改掉一部分晚上睡不好，我说晚自习也可以改呀，她说班级电脑不知什么原因没办法网络阅卷，我说我替你看晚自习你在办公室改卷，她说可以吗，我说有什么不可以，学生看书我也看书有什么不可以，不就是督修吗！于是她表情轻松了许多，忽然喜庆地说这也不是第一次。30 多年前，她刚工作的时候，被抽调到市委讲师团，到郊区的一所学校支教一年。那次期末考试，我冒着寒风往返骑车四小时替她在没有窗户玻璃的教室里监考一天。她说已忘记当时是因为什么让我替她监考，我说难道这还要原因！

其实，她中午根本没睡着，早早地到办公室利用下午开考前的一小时改卷子。我则继续三心二意地看《杜威在华教育讲演》，随后到教学楼各处走了一圈。下午 4 点半早早地跑到操场，跑了八圈，又跑回办公室，换装，到食堂吃晚饭。这回换我用 QQ 呼叫她，走到半路上也没有回音，只好打电话，她说"没时间看 QQ"。

傍晚 6 点 50 分我走到她办公室，和她照个面，让她放心。她问要不要去介绍一下我，我说介绍什么，学生又不是不认识，再说班主任早通报了。6 点 55 分我走进教室，学生在听英语，表情稍有躁动，我摆了一下手便归于平静。听力结束后，我说奉余老师之命来和你们共度"韶华"（时髦一下），她要改试卷。大家谨慎而又节制地笑了笑然后各自看书复习，我则继续看《杜威在华教育讲演》。

因为门窗大开，我觉得有点凉，第一节下课，我跟太太说我得到办公室去加件衣服。她说你别急，慢慢走，第二节我先去看会儿。第二节铃声响了一会儿我就到了教室，太太离开教室回办公室阅卷。我刚坐定就看到"杜威"脸上贴了张纸条，上面写着："元旦老人新年快乐！"旁边还画着鲜花、烟花还有三颗心。感动之余念叨了几遍"元旦老人"，突然有悟，便开玩笑地说："早知道应该给你们每位发颗糖。"我确实缺乏这种浪漫的自觉。一直后悔到现在。

第二节下课时，一位女生过来说，他们班主任说，新年第一个晚自习，校长陪我们，应当合影留念，问我可以不可以，我说非常乐意，等下晚自习再拍。晚自习后，我说大家都坐在位子上，从后向前拍，我就站在讲台上，站在大家后面。他们邀请我站到前面中间，我坚持站在后面。拍照不必太复杂，影子留在里面即可。这张照片是文天同学拍的，所以没有他。这是我最喜欢的照片之一，大家都洋溢着笑脸。

离开教室前，我说，这是我难忘的一晚，谢谢大家！祝大家明天考试取得好成绩，高考取得好成绩。大家鼓掌作别。我走到太太办公室，让她再改一会儿，我到餐厅看看"二晚"。晚上 10 点 20 分，我俩从东门离开学校。

2020 年的第一天，我们和学生相守了 15.5 个小时。夜里 12 点我们就寝，一夜睡眠很浅，脑子里总是重复这三句话：服务即信仰，服务即陪伴，服务即幸福。

理想主义往往遭到嘲笑，殊不知，怀揣理想便是一件美好而幸福的事。

（2020 年 1 月）

要从平凡生活中看到『诗』

要从平凡生活中看到"诗"

　　前天是教师节，晚上近 11 点时，我看到值班的同事在"平安校园"群里发的高三学生下晚自习的图片时，联想到朋友圈中缤纷的庆祝画面，有感而发，便破天荒地在晚上 11 点 03 分发了一条朋友圈："在厦大附中，今天是教师节，与昨天没有区别，与明天也没有区别。没有标语口号，没有专门亮灯，没有庆祝，没有座谈，没有鲜花，没有唱诗……一切平静。端午如此，中秋往往亦如此。昨天收到的两块牌子今天已存放至不见天日的档案室。看看这两幅截屏您就明白了！"

　　这两幅截屏，一是当时值班老师留言的内容，包括几张照片；另一是当天中午群里的一段连续留言。

　　14 点 04 分，七年级段长李晓波老师留言："今天哪位领导值班，七年级 7 班有位同学的手割破了，我们都有课，能不能帮忙带到医院去？"我立即回复："有多严重？校医室处理不了？"李老师回复："处理不了。"团委书记义娟老师道："今天我值班。那我叫电召车（义娟老师自己没车）。"校医陈曦老师说："处理不了。要医院缝合。"李老师又说："人现在在医务室。"我说："我去看看。"拿起车钥匙我就下了楼。在到车库的路上我给义老师打电话，让她带学生到东门，我开车送他去医院。挂了电话，我看到群里后来的留言。陈老师说："先简单处理。出血量还好。"教务处主任钟宜福老师道："让他在东门等。我带他去。口罩给他两个。"我没有给钟老师留言，就直接开车送他们到了医院。后来缝合、拍片，孩子交给家长带回家休息了。其间，张副书记和班主任谢小珍老师也赶到了医院。这大约是教师节这天学校发生的"最大"也是最寻常的一件事。中午，初中部很多老师都在教室督修，下午接着上课。高中部很多老师下午上课，晚上接着督修到10点。而早晨，大多数老师都是7点以前到校。

那两块存放在档案室的牌子分别是"教育教学先进学校"和"高考功勋奖"，它们是9号下午开发区教师节座谈会上发的。厦大附中虽然建校时间短，但类似的牌子也有上百块，全部放在档案室。

这就是教师节。这一天里我收到了很多祝福，但这一天我没有主动送出去一个祝福，也没有给任何一位同事当面问候"节日好"。这正是我希望的样子。生活本来如此。

昨天早晨6点半我就到了学校。在校园里，在教学楼里，看到很多步履匆匆的同事，便又想起那条朋友圈。感动之余颇有些自责：教师节总归是个节日，可到底是个什么节日？正常上班，没有节日慰问费，不能送花，不能聚餐……用工会的会费也不行。这到底是个什么节日？联想到周一早晨群里的画面便又发了一条朋友圈："你必须得在平凡生活和工作中看到诗才能领悟生活的美好和职业价值！"配图是"平安校园"群的截图和几张照片。周一早晨晨会时间，九年级一位女生在教室里晕倒，一群老师忙着救护，校医也第一时间到了现场。该生开学一周晕倒三次，是位休学的复学生。上一年即如此，因同样原因休学，查不出原因。家长因习以为常也有些听之任之的意思，但晕倒在教室里老师不能不闻不问。后来她的班主任李艺容老师将她背到医务室休息。大家怀疑她有心理问题，但没有人能确诊。

这就是我们的工作，这就是我们的日常生活。有诗意吗？我以为未必没有，关键在我们怎么看。我不知道艺容会怎么想，反正我回想起实实在在帮助了一个学生内心就有一种愉悦感，有一种快乐。我把这个故事讲给别人听，听者也有同样的感受。我以为这种愉悦和快乐就是"诗"。我在给2019届附中高中毕业生陈致至同学的作品集《从何说起》撰写的序里有这么一句话："生活确实是艰难曲折的，而诗就藏在生活的褶皱中，展开生活我们就得到了诗。"因之，我们不仅要有展开的意识，还要有展开的能力。

我每天在学校里"奔波"两万步以上，家人为我着急，朋友替我感到辛苦，我对他们说我一点也不辛苦，我舒服着呢。我通常早晨6点半左右到学校，在车库停好车然后到办公室放下东西，别上校徽，开始巡堂，走过每个班级（本学期是68个班），然后到食堂吃饭。7点半到操场看学生做操，我要走过每个班级的每一列队伍（本学期是136列）。早操结束回到办公室。这个早晨就走了七千多步。有时还要到宿舍区等处看看，转回来就八九千步。我觉得这和别人早起锻炼散步没什么区别。他们走在公园里，我走在校园里；他们穿行在绿树红花中，我不仅有红花绿树，还有长廊板报声声问候和琅琅读书声；他们也许能看到沉鱼落雁，我笃定是满眼笑脸……这怎么会辛苦呢！白天办公室坐累了到教学区走走，傍晚在操场和学生一起跑步，晚自习再到教室转一圈，一天下来就是两万多步，常常是两万四五千步。我每天都是在这种自足中离开校园，常常是美滋滋的。我不会说工作辛苦，而是告诉自己工作的时候顺便锻炼了身体。在操场跑步，既锻炼了自己也为学生树立了榜样，某种程度上说就等于上课，不经意间就做了一件有意义的事，想起来就感受到某种诗意。

我刚当校长的时候儿子还在上幼儿园，太太也当班主任，因为家离我的学校近，儿子经常跟着我加班。因为儿子很乖，在我办公室里基本是他玩他的我忙我的。我从来没埋怨过工作忙，没时间陪孩子玩，而是暗自庆幸，还是做老师好，工作的时候也不耽误带孩子，心中便释然。其实，加班也是自觉自愿的，没人逼我，而且也不可能天天带孩子逛街游园。在家陪孩子和在学校陪孩子没什么区别。要说有点遗憾便是孩子幼年和同伴玩得少，性格不够野，但随着年岁增长，也都弥补上了。

要说让老师以校为家，首先学校得像个家。现在新建的学校，校内都不会有教师住宅；老学校几经改造，原有的教师住宅要么拆迁要么隔离。一放假学校便是保安当家。所以，我特别希望能将学校建成全体师生共同的"家"。既是家第一个就是进出自由。我对学校将大门看得比监狱还死的做派深恶痛绝。我觉得必须让老师的亲属自由进出校门。体育馆建好后，我对老师们说，体育馆肯定是为学生建的，但老师也是可以用的。老师什么时候用？学生不用的时候老师用。所以，学校体育馆从上午8点开到晚上9点，白天学生使用，晚上就是老师用。也有人对此颇有微词，说老师下班不回家，周末放假在学校，用水又用电，带来不必要的开支。我的想法正相反，更多的老师在学校不仅更好地营造了"教师生活在学生中"的良好氛围，而且简直就是不花钱雇来的"保安"，太合算了。所以，一定要将教师的校园生活安排好。我们成立了很多教工社团，定期开展活动。建了很好的"四点半"学堂，解决就读于小学、幼儿园的教工子女放学后无处去的问题。疫情期间，我们还专门为上大学的教工子女安排学习和运动的地方。虽然实行坐班制，但坚持弹性执行，上午不签退，有事打个招呼即可，日常考勤结果不与工资挂钩。提倡自觉，不人为制造紧张气氛。我希望尽一切可能阻断生活和工作的焦虑。每年上级相关部门都会给学校下达KPI考核指标，但这个指标到我这里就被阻断了，班子里的其他同志都不知道，普通老师甚至闻所未闻。生活已是不易，何必平添烦恼！幸福感就是"诗"。

我也经常奉家长之"命"抽时间找他们的孩子谈话。从功利主义角度而言，这个工作对于我不仅无利可图而且基本没有什么帮助。作为一所有68个班级师生近3500人的重点中学的校长，我忙吗？我只能说确实不闲。然而，家长有所托我必有所应。校长必须习惯、适应多任务的工作方式，但事有轻重缓急，终归只能一件件地做。我在《教师专业成长的基本路径应当是教育实践》一文中说："对于教师来说，融入学生的游戏远比独自徜徉在书山、陶醉在学海里重要；对于校长来说，他必须将大量的时间'浪费'在学生的活动里，必须懂得用学生的眼光看世界，要理解、尊重和适度分享学生的快乐。最好的'论文'要写进课堂，最有价值的课题研究要直面学生。一切脱离课堂、学生的论文和课题都没有太大的意义。一个校长、一个老师，成天惦记着读书、做学问、研究课题、写文章、周游各地做学术报告，就是不愿意与学生多说一句话，这样的'学者'于学生有什么意义呢？从这个角度来说，中小学教师的职业人生就是'红烛人生'，燃烧自己，照亮别人。职业要求、职业特点决定了中小学教师的生存状态，教师的幸福人生需要通过特殊的职业智慧来完善。"每至深夜，我偶尔也会垂头丧气：忙碌一天一无所获！但一想到"教育无非服务""服务即陪伴"便释然。教育不可能立竿见影，这一点甚至比不上清道夫。所以，我们必须在闲扯淡中发现"诗"、享受"诗"，才能感受到教师的职业幸福。

（2020 年 9 月）

请关注学生的现实快乐

2011 年第 12 期《上海采风》月刊有一篇文章《为了免于焦虑和空虚》，文曰："时下国人的第一大焦虑是'科举'。它席卷了 3 岁到 18 岁乃至 20 余岁（因为复读）的幼儿、少年、青年，从年龄段看，约占人口五分之一。但加入竞争且忧心不已的哪里限于当事人，加上家长和近亲，超过一半的国人被卷入。今日中国教育的本质是什么？不是传授知识和增长才干，是升学竞赛。""竞赛"总是残酷的，其基本功能是选拔与淘汰。如非优胜劣汰，何必搞这没完没了的竞赛呢？所以，我相信人类社会最终要不"竞赛"至灭亡，要不"和谐"至共产主义，别无他途。竞赛源于人类的不平等，是打破阶层固化的无奈之举。而当我们不顾民族未来只顾眼前利益而"窝里赛"时，我们将注定是失败者。曾任英国首相的撒切尔夫人，在谈及中国威胁论的时候，冷冷地说了一句："中国没有什么可怕的，他们可以出口电视机，但他们出口不了电视节目。"她实际上是藐视中国教育和文化的力量。作家池莉说："我们愤怒，但是不得不承认她的确点中了我们教育的要害。我们的教育正在乐此不疲地消灭着阅读能力、理解能力、质疑能力、提问能力；消灭着想象力和创造性；甚至消灭着孩子的童趣和顽皮。"

1 月 3 日高中会考那天，到我校监考的一位老师带来她读小学四年级的女儿，小女孩儿趴在桌上抄了一上午语文课文，下午又抄了一会儿，据说课文从头至尾要抄五六遍。老师们总是要算计学生那点假期，总要找点"活儿"给他们干。抄完课文后，小女孩儿高兴地用手机玩着电子游戏。一天时间，她一直在室内，要么抄着中国人创作的语文课文，要么玩着外国人发明的电子游戏。这是个学习不错性格开朗的孩子，但从这样的周末生活里何来想象力和创造性，又哪里有童趣和顽皮？抄课文有没有用？如果用心抄，第二天又这样地"考"课文，多少是有点用的，但问题是为什么要这样考呢？考，难道不是人为的吗？

作为教师，我们无法绕开高考这道关，甚至除高考外，学生一生免不了还要参加其他各种考试，良好的应试心理和应试能力能使我们拥有更多的成功捷径。但我们要清楚，并非抄写得越多，考得越多，压力越大，应试心理就越好，应试能力就越强。我们不必有太远大的目光，但假如我是小学老师，我可以六年统筹考虑，假如我是初中或高中教师，至少可以三年统筹考虑。考得稍微精一点，不公开学生的考试名次，不患得患失于眼前，不争着做第一，耐得住暂时的寂寞，不把学生作为自己获得名利的工具，与学生"休戚与共"，则学生就可能拥有较多的现实快乐。如果初一就用初三的力气学，高一就进入高考临战状态，除了题目还是题目，则学习还有什么乐趣可言？老师们心里很清楚，但很无奈。问题往往出在主管部门和学校，出在制度上，但不排除有些老师有应试情结和竞争怪癖，虽"己所不欲"还要施于人，非搞得硝烟弥漫不行。改变不了环境就只好改变自己，我们少一点急功近利，学生就会多一份轻松和快乐。

有一种现象值得我们注意。有些班主任和任课老师抓得很紧，起始年级上来就给同行一个下马威，平时考试成绩各项指标往往超出别人一大截。但只要没有特殊情况，到了升学考试时，往往差距并不大，甚至被人反超。这说明起始年级有起始年级的抓法，毕业年级有毕业年级的抓法，只要遵循规律，结果差不到哪里去。起始年级应当抓习惯，抓基础，抓全面，这些方面真的抓好了，即便暂时落后，最后也不会差。关键看教师是否有定力，能否正确理解别人的长处与不足，心里要有数，要有方向。

学生的现实快乐的重要源头是学习轻松，而且主要是心理轻松，心理轻松源于学得会、喜欢学。关注学生的现实快乐，除了减少不必要的竞争，还要提高学生的学习质量。考试只是手段，考试本身并不会剥夺学生的快乐，所以，学习是否成功并不一定需要通过考试来检验。学生在漫长的学习过程中，如果始终尝不到成功的甜头，他是快乐不起来的。哪怕平时考试一次没有，但每节课都听不懂，哪里来的现实快乐？少一点考试，少一点排名，少一点竞争，只是满足学生现实快乐的方法之一，甚至只是表面的方法。根本的途径还是帮助学生在学习中获得成功，这是我们老师能做的，应该做的。釜底抽薪的办法是遵循学习规律和学生身心发展规律的，减少学习内容，降低学习难度，尊重基础教育的独立价值，剔除其选拔功能，适当分流，多元办学，让每个学生享受到适合的教育。这就是全社会的事了。

"书山有路勤为径，学海无涯苦作舟""头悬梁，锥刺股""吃得苦中苦，方为人上人""囊萤映雪""凿壁透光"——自古读书似乎就是个"苦"。"刻苦"一词就是为读书学习准备的。甚至不必参加"高考"的贾岛还"二句三年得，一吟双泪流"；曹雪芹更是"满纸荒唐言，一把辛酸泪。都云作者痴，谁解其中味"。写点"作文"还搞得眼泪汪汪，干吗呢？头悬梁，锥刺股，囊萤映雪，凿壁透光，是精英教育阶段少数想成为"精英"的人自找的。现在连高等教育都大众化了，让"大众"都成为"人上人"，那谁是"人下人"呢？人与人的战争是人类生存的宿命。作家张炜在《科技、财富和伦理》一文中说："人类在做什么？只要有了机会，就一定会全力以赴地积累自己的财富，然后余下时间去享乐。这是一条多次重复的老路，看来也只得继续走下去——财富越来越多，科技越来越发展，到了一定的交汇点和临界点，也就是再一次的结束和重新开始。"书中自有黄金屋，书中自有颜如玉，所以那么苦读，原来是为了"黄金屋""颜如玉"。其实人之幸福与否与黄金的多少和老婆的丑俊并无太直接的关系。况且那"黄金屋"和"颜如玉"还不见得能得到，便是能得到也不知是哪一年的事，真的得到了还不知道有没有"兴趣"享用。张炜说："为了达到物质财富的快速积累，也就不择手段，走向极端的实用主义。这样的民族是没有希望的。"

　　厦大附中首届文化月活动闭幕了，但学生包括部分老师在活动中所激发出来的热情和创造力令我难忘，甚至让我觉得任何抽象的总结都无法再现同学们在活动中的幸福与快乐。由学生作词教师谱曲的《光芒》和《当局者迷》两首原创歌曲我反复听了多遍，青春的苦涩散发出的正是花季的芬芳，我真的为他们自豪。数年前，我布置学生写一篇鉴赏歌曲的作文，一位同学跟我说："老师，我一首歌都不会唱，甚至连一句歌词都记不起来。"我对他说："难道国歌也不会？"他面无表情地说："除了'起来'和'前进'其他也记不住了。"我震惊之余非常难过。他或许因为懒惰而有些夸张，但生活中如此寡趣的人并不少见。所以，如果有人怀疑文化月的意义我丝毫不觉得奇怪。我想，学校的责任在于为有不同需求的学生提供不同的发展平台，学校的包容在于能使各类学生自由自主的发展。他不愿意唱歌而愿意做题就让他做题好了，正如容忍他不愿意做太多的题而宁可挤出时间唱歌一样。甚至要在评价上体现这种责任和包容。学校里的任何一项活动都应当有局内人和局外人，"面向全体"并非全体统一行动，互为背景色正好构成多彩的校园。

　　《为了免于焦虑和空虚》一文说："在兴趣的维度上，今天受过较多教育的人甚至不如受过较少教育的人。于是构成一个相当严峻的局面……他们完全没有个性和兴趣，只会跟从时尚……他们将给社会提供一个乏味无聊的样本：温饱之后唯有物欲。"虽不免言过，但应该引起我们的思考。我以为，完全不顾学生现实快乐的教育是培养不出身心健康从容应对复杂世界的"人"的。

（2012 年 1 月）

温暖 2012

　　偶然看到央视三套《艺术人生》栏目播放的节目《温暖 2012》，只站在电视机前看了一分钟。画面上有三个人：朱军、何炅、谢娜。谢娜是谁我完全不知道，朱、何两位还算"熟人"，但何现在主持什么节目我也完全不清楚。在谈笑的一分钟里，我看不出温暖在哪儿，于是关掉电视机。但关于温暖的话题一直萦绕在脑海里，我问自己：2012 年，我的温暖在哪里？想来想去，想到的全是温暖。我只好变换看问题的角度：2012 年，哪一天我觉得不温暖？我想不起来。这一年，我不可能没有碰到困难，也不可能没有被误解的时候，但我真的忘记了那些也许不够温暖的时刻。

　　在写给有关领导的简要汇报里，我谈到了一年里"令自己难忘的三件事"。大而化之，是套话，也是真心话：

　　管委会尊师重教，大幅度提高了附中教师的薪酬待遇，落实了房补政策，多渠道激励教师工作。教师队伍更加稳定，正能量更加积聚。教师参加全省技能大赛，七人获奖，人数为全省中小学中最多的。师资队伍建设成效显著。

　　管委会继续支持附中校园建设，2 号教学实验楼开工建设，2013 年秋季将投入使用，办学条件因此进一步改善。

　　中、高考取得较好成绩，受到市教育局表彰。获得市级"文明单位"称号、"德育先进学校"称号、"教育教学常规管理先进学校"称号。办学四年以来的工作得到管委会领导的肯定，在建区 20 周年之际，获得市政府和管委会联合颁发的金鼎奖牌。

对上面三句"套话"，我可以举例阐释。

开发区正处在大发展阶段，需要花钱的地方太多，财政压力很大。尽管如此，仍然以平均30%的上涨幅度提高教师薪酬待遇，对教师实行住房补贴制度。仅此两项，就使年度预算增加了500万以上。在得知相关政策通过批准后，我立即给管委会领导以及有关部门领导发短信致谢。领导们的回复基本都是"应该的"或者"这是我的责任"。在得知有两位老师因个人原因需要调离时，分管领导和教育局领导几次打电话给我，商量解决办法。管委会主要领导发来的短信是："要像扶持项目一样以极大的努力帮扶解难，留住优秀人才。"分管领导不仅一路绿灯地制定了解决方案，而且亲自出面设宴挽留，还指示我到他们远在外省的家里做工作。为了留住一位青年教师，分管领导给我的短信是："以姚校长的名义邀请其女朋友及其父母到开发区考察。考察后不留也没有遗憾了。"什么是温暖？这就是温暖！不必身在其中才能感受到温暖，听了这个故事的人都应当感受到温暖。

我没有细算，但我估计2012年学校总运转费用会超过3000万，而投资2800万（含局部室外景观）的2号教学实验楼正在施工中，合计近6000万。前几天被破例邀请参加2013年开发区基建计划讨论会，在听了我的简要介绍后，附中的项目均得到特别的关注和支持，使我大喜过望。在得知宿舍区安全围网项目比较急迫时，主持会议的领导当即指示，先做后报，立即实施。第二天上午，工程管理部门就派人踏勘现场。对教育的关心，对学校的关心，如此这般，并非随处可见。

2012年中、高考优良成绩的取得，固然与全体师生的努力分不开，但高中学生的文化课学业素养总体较好是非常重要的因素。2009年高中招生以来，市教育局一直支持附中发展，执行的是提前单独招生的政策。记得2012年7月13日下午5点钟，中招委听取提前招生的三所学校汇报招生工作，教育局局长、分管局长、纪检组长莅会。领导的一句话至今回响在耳边："姚校长，这样招生你满意吗？”这一句话何止"暖三冬"？在"六年一贯制"教学实验项目上，在高考组织工作上，在教师支教工作上，漳州市市教育局、龙海市教育局、港尾中学以及其他兄弟学校都给了我们许多支持。这就是"温暖"。

回看校园，听到孩子们一天数百遍的说"老师好"，看到他们勤奋读书的身影，目睹同事们的热情工作与无私奉献，我心中总能涌起一股暖流。在我的助手们独当一面而有条不紊地各司其职的时候，在老师们克服生活困难心神宁静全心工作的时候，在老师们受到表彰获得奖励的时候，在得知同事们买房买车孩子进步的时候，在看到青年教师出入成双的时候，我都感受到特别的温暖。

这一年里，还有不少本来不甚熟悉的朋友在帮助我们。陈女士出资奖学助学；某建筑公司捐送两棵价值 30 万元的大树；豪氏威马公司捐建价值 10 多万元的雕塑；大径社区送来两条木船；杨先生先有捐资帮助困难学生之举，后又出资移植 13 棵大树；连附近工地一位并非老板的小伙子，也在施工途中留意挑选一二十颗石头送给我们。中行在校内安装 ATM；高考期间，交警为送考车队开道；为方便附中师生，公交公司调整收费方式，改变运行线路。只要我们有求，熟悉不熟悉的朋友都愿意伸出手来帮助我们。管委会的众多部门和区内企事业单位，无不对附中呵护有加。身处其中，如果我们还感受不到温暖，那只能说明我们自己的感觉出了问题。

一年里，我还经常得到来自老师、老朋友、老同学、老同事、老学生的问候，那一刻总觉温暖无比，喜悦之情往往久久不能忘。汤华泉老师常常鼓励我，鞭策中不乏幽默。老朋友叶太平教授，寄给我三封信，总计 150 余页，谈天说地，批评亦多切中肯綮。也许是愈老愈怀旧的缘故，同学之间的联系竟多于往日。岁月如梭，同学中已有退休或退居二线的，令我顿觉老之将至，亦愈加珍惜人间温情。老同事们一有聚会，必定不忘在异地的我，轮番的问候常使我热泪盈眶。上周的一个晚上，有几位老同事相聚，他们一一与我通话，念叨我的"好"，让我芒刺在背，手心出汗。我感受到了他们的宽容。作为校长，没能坚守，是不可能不愧疚的。此生无以回报，只有办好新学校，庶几不负他们的惦记。11月30日，我带的1992届学生举行毕业20周年聚会，我因故未能参加。我给他们写了一封信，在信的结尾处，我写道："我是个普通教师，但一直用心于教育，一辈子无悔且因为你们而感到快乐和幸福！新宇前次在电话里对我说：'老师，我真的长大了！'是的，你们是长大了，我希望你们成长得更'大'更'好'。"我还诌了几句诗："金秋聚首增情谊，白马奋踢近两纪。岁月寻常时入梦，寒暄偶尔俱回忆。青春从教多发奋，天命方知误子弟。岁月蹉跎挥手去，风帆正悬向天齐。"真情难得，便顾不得格律。随信我还附了两份当年的点名表，一份是入学时候的，一份是毕业时候的。那几天，不时接到他们的电话，我颇有些兴奋。来自北方的电波，恰似冬天里的一把火。

有些温暖的来临是出乎意料的。譬如：有学生经停高崎机场时打来电话；有朋友到厦门来不及见面时突然打个电话问平安；还有普林斯顿的康教授寄来他和孩子的照片；《福建教育》杂志社的炜旻老师渡海看我，虽只有一个小时，但相见甚欢；林淑如老师从台湾托人给我带书，不时发来邮件，不时更新博客。还有，被高一8班学生授予"我们心中最给力的好好校长"荣誉证书；博客消息里不时有陌生朋友发来问候；节假日接到家长和学生的问候短信。还有一个个瞬间，譬如看到我在食堂排队取汤时，就有学生先帮我取一份；毕业回校的学生隔着老远就打招呼；甚至在电力公司营业部被认为从气质上看就是附中老师的时候。还有……

当然，最令我倍感幸福的是我拥有温暖的家。无论多么繁忙，无论出差到多远的地方，只要想到家，暖流就从我的心中涌出，笑意写在脸上，"多少落寞惆怅，都随晚风飘散"。我由衷地觉得生活是美好的。

在别人看来，或许是上苍特别厚爱我，使我无由感到不幸福不温暖。然而，只有我的家人才真正了解我的生活，才会窒息于我无休止的忙碌。他们支持我，但他们更心疼我。我深知自己的责任，因此我并不因为忙碌而麻木、怨恨，我是一个"温度感"特别灵敏的人，我总能感受到他人带给我的暖意，哪怕是善意的批评和某种程度的责难。

我觉得，感受温暖需要一颗感恩的心。一个以自我为中心的人，他总是认为别人欠他的，而他不欠任何人的，自然就体会不到周围世界的温暖。如果我们将他人都设想成自己的朋友，就一定能够感受到世界的温暖。即便是那些对自己不怎么友好的人，我们何妨将其设想成上帝派来助你成功的人。成就伟大事业的人，不能只靠朋友，还必须要有"敌人"。"敌人"越强大，你成就的事业就越伟大。同时，假如我们生活在温暖的世界里，我们一定要想一想，我有没有给别人带去温暖，有没有在能够给别人送去温暖的时候毫不吝惜自己的能量。毕竟，温暖需要接触，需要相依，需要彼此。我们也许不能发光发热，但我们一定能够传递温暖。温暖了身边的人，也就温暖了全世界。鲁迅先生说："无穷的远方，无数的人们，都和我有关。"

（2013 年 1 月）

树 有 故 事

　　图书广场东西相对的几棵树都是橡皮榕，靠近图书馆一侧的几棵包括气根在内需要四五人合抱，而 50 米外的对面那几棵树径不超过 20 厘米。我经常给来宾、学生和同事介绍，这些树同样品种、同时栽种、移栽时同样大小，现在的差异却是如此之大。人犹树也，这给我们的教育带来很大的启发。这些树都是 2010 年春节前移栽的，十年时光面貌大异。大的可遮天蔽日，小的几乎没长。十年树木，结果未必都如愿。我能解释的原因有两点：一是大的放在花坛内，里面的土是从外面拉来的好土；小的所处的那块土地还是原土，极为贫瘠。二是大的周边有水池，地气潮湿；小的周边泥土板结如石头，存不住水。十年来，这些树一直长在那里，别说现在的附中学生不相信它们"出身"相同，就是当年及稍后进校的老师也不会意识到这种差异。我坦言，没有一点特殊的感情是不会关注到这点"奇异"的。

　　同在图书广场学生圆形阅览室边的门外，十年前"插下"两根电线杆似的南洋楹，当时树径不过 10 厘米。最初的两年几乎没有变化，让我怀疑它已枯死。我们曾一度打算拔掉它，只因忙得顾不上，随它立在那里，不经意间它慢慢活过来了。如今长到五层楼高，树围一人不能合抱。南洋楹是速生树种，生命力顽强、旺盛，随便一栽就能长起来，附中路和南门两侧数十棵南洋楹多已参天，俨然古木。您要问我们为它们做了什么，我只能惭愧地说啥也没做。倒是那些长势不咋样的、有点名贵的我们没少下功夫。

　　附中校园内几乎没有原生树，都是"外来户"。大约只有国际部草坪上的两三棵麻黄木是原表层土囤积遗留下的种子萌发的。而现在，纳入绿化工管理的树木已近 1800 棵。单就数量而言，我还没有见到过哪所中学的树有我们多。

最让我纳闷的是，大王椰子在附中校园里总是长不起来。2008 年 8 月，南门中轴全部移栽了树径如碗口粗的大王椰子。当年国庆节，一阵不大的风雨让大王椰子倒伏一多半。小心伺候了两年，却越长越难看，"树冠"细得像辫子。不得已，终于在 2010 年秋天全部换成小叶榄仁。尚能存活的大王椰子被移栽到图书广场边上，但仍然长不起来。现在只剩下四十几棵，几易其地，总算在亦乐园边上一处人行道两侧安稳了窝。2013 年春节前，有朋友送了两棵很大的椰子树，刚栽下不久，冬日里的一阵微风居然将其中一棵吹倒，扶起来后慢慢枯死。另一棵茕茕孑立，一直是病歪歪的，也没少吊水，但根部逐渐腐烂，梢部逐渐枯萎，最终只能是推倒搬走。几次风吹树倒我都不在学校，于是有同事背后开玩笑说，校长不能出差，一出差就有树要倒。我也因此莫名其妙地得了"心病"，一天也不想离开学校。椰子树有南国特色，附中校园里有那么一两行才好。待国际部建设后再好好规划一下。

大树难活。有朋友捐赠了二十几棵香樟树，树径大多在 30 厘米往上，精心伺候了一段时间，好不容易有点起色，因为要建游泳馆，又移往他处，现在基本还是枝叶稀少。亦乐园瀑布前的那棵很高的香樟树，树径差不多有 50 厘米，2009 年秋移栽的，树围看不出来增大，树冠既遮不了天也蔽不了日。管委会相关部门协调施工方捐赠了两棵总价值 30 余万元的百年榕树，基本上是老病缠身，经常打针吊水，最终是一棵遭"截肢"后勉强活过来，另一棵一半腐朽一半将倾。这些大树都曾遭遇灭顶之灾，生命力几乎耗尽，勉强活下来已是不易，欣欣向荣谈何容易！

小树省钱，几十块钱一两百块钱一棵，栽下去就活。附中校园里移栽的大多是这种小树。十年树木，现在慢慢都长大了。榕树是好东西，常绿，易活。校园里榕树最多，小叶榕、大叶榕、高山榕、橡皮榕，随处可见。所谓珍贵树种，十年都长不出个样子来。有几种名声大的树，一年里有那么几天很灿烂，大多数时候如枯死掉一般，在我看来，不及榕树耐看。附中校园里的榕树也少有花钱采购的，绝大多数都是"弃婴"。区内公园或道路行道树升级换种时，问我要不要，我自然是求之不得。也有领导提醒我，不要什么树都要，要好树。我觉得也对，但我心目中好树的标准是好生长、能常绿、可遮阴、无异味。

无心插柳之功在校园里也是随处可见。图书馆到艺术馆轴线上、三个报告厅间的小广场上的榕树，如今虽非参天但树下足可遮阴挡雨。其实原来此处规划的是雕塑，但雕塑花钱多，当时便花几百块钱买了一棵闽南随处可见的、被修成光干状的矮榕放在那里。显然，现在它已稳稳地立在那里了。如今，便是"圣人"也取代不了它了。类似之处不在少数。我有一个深刻的印象，设计师在校园里规划了20多尊雕塑，但现在多半被榕树鸠占鹊巢了。滑稽得很，基建甚至只负责建基座不负责建雕塑，以至于到处只见基座不见雕塑。也许是"功成不必在我吧"，留给后人去建吧！

建艺术馆时，道路连同绿化带都被封闭了，施工单位在其间搭建工棚、堆放材料，我们很担心他们把树搞死了。两年一过，房子建好了，工棚拆除了，仔细一看，里面的树比外面的长势好。我们的结论是，树木生长也得靠人气。当然，直接的原因可能源自他们乱倒乱拉。随地大小便也是功不可没。连水都不给它喝、任由其自生自灭，它怎么能长起来呢？

亦乐园的绿化我们没有少花功夫。这座校内小山，其表层土及其以下数米之土石都被搬走，后又耗资数百万采用三维绿化的工艺在其表面喷涂上12厘米的优质土，同时撒上草籽，山很快绿起来了，但不多的几棵树都是通过爆破的方式挖树坑的。后期栽树很困难。曾有朋友建议种上桃树、李树，谓之桃李园。我也很向往，但觉得很难成功。事实证明并非我多虑，几年过去了，桃李没剩下几棵。倒是体育馆用地处自生的相思树给了我们启发。相思树既然能在那里长起来，在亦乐园应该也能长起来。后来我们花了几百块钱采购了几斤相思树树籽种下去，无须爆破，挖开表层土，将籽塞进去即可。几场雨后就发芽长苗了，渐由灌木而亭亭玉立了。现在的亦乐园，差不多是相思成"灾"了。

树犹人也，人亦犹树也。种树犹育人也，育人亦犹种树也。

（2019 年 4 月）

森林校园中的落叶

从寸草皆无的黄土工地到今天郁郁葱葱的绿色校园，我们已经走过了12年。记不得从哪年开始，亦乐园以及校园内几片小树林的防火问题成了我的心病。落叶很厚，一根火柴就能酿成火灾。落叶自有落叶的风姿，扫掉可惜。更重要的是扫不胜扫。特别是在秋冬季节，半天时间就能落下一层树叶，而绝大多数乔木下原本都有植被，或灌木或小草，很难清扫。所以，除路面外，其他地方的落叶很少清扫。这几年，树木逐渐长成，树冠日盛，时常落叶缤纷。多处都有厚厚的落叶，亦乐园里的落叶更是厚达十厘米，一旦失火后果不堪设想。2018年初，我们在亦乐园的多个地方挂上了森林防火的警示牌。

南门两侧沿街的绿化带也长成了树林，落叶也越积越厚。这处的危险在于设有停车位。常有外来的烟民停好车，打开车门后的招牌动作是一手拿烟一手拿打火机。稍一站稳就点火抽烟。我最担心的就是这些人！学生好管，附中的老师几乎没有抽烟的，难管的是后勤工人、外来办事的人和家长。特别是周末，校园对家长开放，抽烟的家长不在少数。我曾经专门给家长写了封公开信《进门即为师，举止须得体》，劝导家长不要在校内抽烟，但效果并不显著。

国际部的大草坪面积近40亩，全是天然的红茅草，深秋季节酷似小型红高粱，一眼望去，令人心旷神怡。一年里"收割"两次，其他时间任其生长。草有荣枯，自然也有火灾隐患。南门中轴，朝闻大道至观澜路，拾级而上，共有 111 级，其间有十处平台（小广场）。两侧全是小叶榄仁，中间是加拿利海枣。秋冬季，小叶榄仁次第落叶，为时三四个月。落叶一例是金黄色，平铺在台阶上非常好看。每到此季，我总是要特别打招呼，不让保洁员天天清扫。如是晴天则十天半月扫一次，如遇雨则及时清扫。显然，如能特别经营一番一定是"风景这边独好"，但他们只在扫和不扫两项上做选择题。

7 月 11 日傍晚，我和太太在校园漫步。夕阳中，从乐山路转到朝闻大道时，我突然有一种置身于森林里的感觉。对于一所拥有近两千棵乔木的中学校园来说，自诩为森林校园似乎不算离谱。朝闻大道一侧有近 400 米的林带，亦乐园既自成一体又襟带全校。校园树木相连，展开来林带足有五公里。看到我拍的校园森林图片，我的老师汤华泉先生赋诗曰："十年树木一园丁，汗水浇培事竟成。相看浓荫蔽龙海，莺歌燕舞几多情。"朝夕相处，木石亦有情。漫步校园，极目望去，心旷神怡。转而又有一丝担忧：三年没有遇到强台风了。特别是这两年，几乎没有一场可以称为台风的台风。这也是树木几乎一下子长起来的原因之一。所以，我特别担心今年会有强台风。当时就想着要将这美景拍摄下来。

次日上午，我给同事贾嵘彬老师留言："嵘彬好！看看能否拍一个短视频——《厦大附中：面朝大海的森林校园》。主要拍乔木。重点是这几个地方：亦乐园以及图书广场；知行楼、景行楼中间；南门中轴；南门两边绿化带（长近 400 米）；行政楼后面、生化实验楼前面。效果应该不错。开头从大海切入，结尾推到大海。今年年成不好，灾害多。本地开春以来雨水少，我担心后面八九月份会有灾难性台风，会给校园树木带来损害。乔木一旦倒伏，扶起来就得'剃头'，那就会有一段时间恢复不起来。"嵘彬愉快地接受了任务。随后我又留言："下周天气还不错，你们课也结束了，如果可以的话，我让江校长安排其他老师将您的课带掉，您集中精力做，如何？"其实我是催他尽快完成，怕有不速之台风。

14日清晨6点40分，我从力行楼去教学楼，走到自强路路口，晨曦中，一眼瞥见榕树下一层薄薄的树叶覆盖在路面上，让人突觉校园异常宁静。我在群里留言："自强路落叶过几天再清扫！"40分钟后物业负责人回复："收到。"实际上，后来我又去看了一下，还是被扫掉了。我估计会被扫掉，因为我的招呼没能及时传达到保洁员那里，中间隔了至少40分钟。当天下午我又打了个招呼让他们"别扫"，而且还在群里发了张照片。后来我又专门给总务处炀宾主任打招呼："什么时候扫听我的通知。"很快，嵘彬用无人机航拍了一次，说"等几天树叶多点再拍"，又给我提议让生化实验楼前面的至善楼上的树叶也别扫，我说"试试看"。随后也做了交待。之所以要试试看，是因为那条路上人车通行较频繁，而且是坡道，又在风口上，树叶不太容易囤积，更不易均匀地分布在路上。试了两天，果不其然。

十天后，24日晚，《厦大附中：面朝大海的森林校园》发布在B站，时长6分38秒，本人荣任策划。视频的拍摄和后期制作都有一定水准，观之令人热血沸腾。我稍觉遗憾的是南门沿街的林带没有完整拍摄，气势没能展示出来。这处长达400米的林带是我萌发拍摄此片的触发点。我觉得可以让无人机在林上林中飞行两分钟。此外，配乐不是我的最爱。当然，这是我个人的感受。

25日中午，我路过自强路路口，又随手拍了一张落叶，发了一个朋友圈："高三的校友们（矛盾吧），明天你们返校，一定要到这条路上走走，拍个纪念照。这满路的树叶，是我专门让保洁阿姨给你们留的。"第二天，高三的学生要回学校参加高考志愿填报指导会，这也是他们最后一次集中到校参加集体活动。之所以说"矛盾"，是因为他们事实上还是高三应届，但从毕业典礼后他们就成了校友。第二天上午，有不少同学在这条铺满"金叶"的大道上拍照留念。也有往届毕业生来此漫步。

27 日上午，开完全体教职工会议后暑假正式开始。我交待总务和物业，可以将国际部草坪上的红茅草割掉。连日干旱，草已干枯，火灾隐患日增。但总不会一直干旱下去，趁着放假割掉，开学后又会长起来了。自强路上的树叶暂时别扫，等下雨再说。然而，此后十余天依然无雨。

8 月 11 日上午台风米克拉来袭，校园乔木折断、倒伏 282 棵，树枝折断无数。校园面目全非、一片狼藉。这次台风官方预警不力，大家没有太多的思想准备，以为不过是一般台风。我早晨 6 点半就到了学校，风雨都不大。8 月 9 日提前到校上课的新高三学生按时吃早餐，早餐后回到宿舍温书。7 点半后风力渐强，雨自始至终不大。风力最强劲的时段是 8 点半到 9 点半，10 点后基本平息。10 点 40 分前后，我和廖校长、周校长出去走了一圈，发现受灾严重，程度为建校以来之最。多个通道被倒伏的树木堵住。于是决定号召留在开发区的老师下午到校清障。中午过后，同事们自发陆续到校，来了七八十人，用了近三个小时清理，总算将所有道路清理出来。在知行楼、景行楼下，我对在场的同事们说，我们先扶起一棵树，表明我们开始重建家园。扶起来的那棵树也是附中的元老，是 2008 年开校前种下的第一批树中的一棵，是一棵有型有年头的老树，但移栽时被砍斫成盆景，12 年来一直矗立在进门处，很精神但也没有太成长，还是盆景。后来大家又扶起了一棵。看到同事们浑身湿透，我说就到此为止吧，明天我们请专业人员来做。那一刻，我使劲遏制住了自己的眼泪。

12 年来，我见证了校园内所有树木的成长。

当天晚上 9 点 10 分，我在微信朋友圈里再次转发了《厦大附中：面朝大海的森林校园》。9 点 33 分，我又转发了我在 2019 年 4 月写的《树有故事》。我特别希望附中的学生能生活在森林一般的校园里！

7 月 11 日萌发制作视频《厦大附中：面朝大海的森林校园》，8 月 11 日遭遇台风，正好一个月。

至今日十天过去了，校舍维修、树木扶植虽紧锣密鼓，台风的痕迹日渐模糊，但要回到"森林"的原貌总得要两三年吧。

（2020 年 8 月）

校园文化的经济价值

文化与经济分属两个范畴。文化的价值不能完全用经济来衡量，更不好用货币等量交换。现在，文化正在产业化，文化单位都在改制。显然，文化正在经济化，文化的经济价值在今天已不难理解。商品经济社会，人们关于"钱"的想象力空前发达，几乎所有的"文化"都可以变现，包括瓦砾、坟墓和僵尸。以"文化"养文化在某些领域和某种程度上是可能的，但不能一概而论，否则，许多文化会很快消亡。文化既是有价的也是无价的。甚至可以说，在现实货币世界里，具有穿越时空魅力的文化基本上都是不值钱的，但却又是最有价值的。

校园文化也是一种文化。就空间而言，它是"小文化"，但就形式而言，它是"大文化"，是泛文化。说"小"是因为它是关于校园的文化，只是和教育有关的文化；说"大"是因为它的表现形式不胜枚举，从自然环境到精神世界无不包罗。文化的力量是巨大的，校园文化的教育力量更是巨大的，其教育功能甚至是无可替代的。所以，所有的学校都注重培育独具特色的校园文化，所有的"好"学校都是具有文化魅力的学校。教师选择一所学校往往是选择一种文化。学生对文化的敏感程度虽不如教师，但校园文化会影响学生的选择。当师生为自己的学校而自豪时，他们实际上是被一种文化所陶醉。为了这种心仪的"文化"，学生愿意多掏钱，而教师宁愿接受相对低一点的报酬，这就是文化的经济价值。这同样表明精神需求的不可抗拒。

有一个关于"雷尼尔效应"的故事：

雷尼尔效应来源于美国西雅图华盛顿大学的一次风波。校方曾经选择了一处地点，准备在那里修建一座体育馆。消息一传出，立即引起了教授们的强烈反对。教授们之所以抵制校方的计划，是因为这个拟建的体育馆选定的位置在校园内的华盛顿湖畔。一旦场馆建成，就会挡住从教职工餐厅的窗口欣赏到的美丽的湖光山色。原来，与当时美国大学的平均工资水平相比，华盛顿大学教授们的工资要低 20% 左右。为何华盛顿大学的教授们在没有流动障碍的前提下自愿接受较低的工资呢？很多教授之所以接受华盛顿大学较低的工资，完全是出于留恋西雅图的湖光山色。西雅图位于北太平洋东岸，华盛顿湖等大大小小的水域星罗棋布，天气晴朗时可以看到美洲最高的雪山之一——雷尼尔山峰，开车出去还可以看到一息尚存的圣海伦火山。因为在华盛顿大学教书可以享受到这些湖光山色，所以很多教授们愿意牺牲获取更高收入的机会。他们的这种偏好，被华盛顿大学的经济学教授们戏称为"雷尼尔效应"。因此可以说，华盛顿大学教授的工资，80% 是以货币形式支付的，20% 是由特殊的美好环境来支付的。

做进一步推理，学校可以用"美丽的风光"来吸引和留住人才。当然，这里的"美丽的风光"是指一个良好的工作环境和校园文化氛围。它作为一种重要的无形财富，起到了吸引和留住人才的作用。在现代社会中，单纯的薪资的量的变化不一定能提高员工的积极性，管理者要综合考虑薪资结构的变化，包括对个人需求最优化的考虑，即考虑如何提高个人的舒适度、个人的自我实现度。同时，要寻求薪资量的变化中的替代品，如用职位的变动来替代薪水的变化，用文化的认同来替代单纯的薪酬变化。只有这样，才能最大程度地吸引和留住人才。人的需求结构具有多样性和层次性，物质待遇是最基本的需求，而安全、发展、精神等需要处在更高层次上。教师希望实现的薪酬收入包括经济性报酬（物质收入）和非经济性报酬（心理收入）。后者涵盖的范围非常之广。

学校的自然环境自然是学校文化之一。据说，厦门大学"美秀东南"，是中国最美的大学。不知道厦大的老师是不是因为留恋其绝美的风光而选择厦大？但我知道他们的总体待遇并不高，春节前我参加2011年春节团拜会，朱书记在讲话中说要将教师待遇提升至厦门市同等职级的平均水平。在厦门有这样一个说法，教师待遇，厦门大学不如集美大学，集美大学不如理工学院，原因是厦大是部属的，集大是省属的，而理工学院是市属的，厦门市政府有钱，因此理工学院教师待遇最高。但假如让厦大的老师到理工学院去，则几乎没有愿意的。原因何在？说明有比待遇更重要的东西在起作用。

附中的待遇比下虽有余，但比上还很不足。老师们选择附中虽说各有理由，但基本上不是冲着钱来的，因为这里的待遇还没有这样的吸引力，一定还有比待遇更重要的因素在起作用。当然，待遇也不能差，毕竟人是要生活的。好事成双是我们的理想，但生活中好事往往不成双，什么便宜都想占是不可能的。既想轻松舒服又想待遇高，天底下找不到这样的活儿。对于很多老师来说，一所学校的发展前景和学校所在区域的发展前景好坏是我们选择与否的重要因素。区域好，个人的生活质量就好，学校好，个人的事业就能发展好，事业和生活都好，就算是"完美"了。教师的待遇高低基本上不是学校这个层面能够解决的。对我们个人来说，相对满足和心态平衡非常重要。客观地说，刚到附中工作的青年教师，满负荷的情况下税前年收入6.5万～7万，不能算太少，还提供四五十平方米的住房，在目前的就业形势下，这样的岗位并非在什么地方都可以找到。我们要有满足感，有了满足感就会有幸福感，接下来，我们共同努力，创造业绩，创造文化，让我们更幸福。附中的风景也很好，但即便如华盛顿大学和厦门大学，风光终归不能当饭吃。风光不是最重要的校园文化。雷尼尔的风光只是一个象征，"雷尼尔效应"的意义在于以教授治校、自由治学为典型代表的校园文化是涵养学术的重要因素。我一向认为，人是校园文化的核心，文化认同感比文化本身更重要。而文化认同感需要组织中的每个成员共同培养，有经济价值的校园文化首先是具有认同感的文化。认同，固然依靠组织中每个成员的共同创造，但包容也许比创造更重要。无包容则只有斗争，永远的"斗争"只能造就文化沙漠。

　　作为学校负责人，我真诚希望老师们有好的薪酬待遇。不需要太高尚的理由，因为我是其中的一分子。但我更希望在薪酬还不十分理想的时候我们还能用百倍的努力共同创造属于我们自己的校园文化，希望在这种文化氛围中工作和生活得更有质量。我们自己给自己加薪，这种薪资不是货币形式，而是文化形式。我们要重视校园文化的价值存在，要清楚地认识到其中的经济价值，认识到这种价值某些时候甚至可以体现为货币形式。

　　某些时候，"诗意"是可以用货币来衡量的。一切皆有可能，但需要我们努力。

（2011 年 2 月）

感动：有一种孝叫顺

　　昨天（周日）傍晚，在操场边上，我见到阳子同学的奶奶。她站在那里朝操场上看。天色渐暗，照明灯刚打开，还不十分亮。你只能看到满操场运动的学生，但看不清谁是谁。我问阳子奶奶看到阳子没有，她说看到了。她又说，阳子想吃炒粉，她炒好了送到学校，但阳子又不想吃了。因为正和同学一起练俯卧撑，等会儿又要上晚自习了，没有时间吃。我看得出她一脸的无奈和失落。当时还不到 6 点，晚自习还有一小时才开始。我不明白怎么叫"没有时间"。

　　那一瞬间我想起了我的祖母。祖母对我是非常溺爱的。我是"文革"后的第一届中考生，初三那年因春季招生改为秋季招生多读了半年书。那半年在校寄宿。有一天，天气已很炎热，中午还没有吃饭，班主任喊我到他的办公室。我进去一看，祖母坐在里面，浑身汗透，摇着扇子，只看着我笑，不说话。班主任说，你奶奶给你送饭来了。祖母说，吃吧，念书很累。我没有丝毫的思想准备，很不乐意。再加上来往的老师和同学看着我笑，有的同学还做鬼脸。因为我被祖母惯得有点远近闻名，在别人面前往往不自在，甚至有点逆反。我便有点大声地说，谁让你送饭来！便不想吃。祖母好像做错了什么，有点尴尬地自言：你看这孩子！班主任说，赶快吃吧，要好好读书，奶奶都给你送饭了。我愈觉受了什么委屈（今天我已明白，这就是伦理上的自我谴责感。老师们常用。大学给家长寄成绩单亦属此类），一边流着眼泪一边吃完了饭，低眉将饭盒递给祖母就回到了教室。祖母是什么时候回家的我并不知道。后来母亲告诉我，祖母回家后似乎很高兴，而且热得脱掉了上衣摇扇纳凉。那年她已经 74 岁，用三寸金莲来回走了好几公里。我从小听话，这次对祖母的不敬让我终生难忘。

正是这一念让我在昨天傍晚那一刻自然而然地做出了下面的选择。我说，我帮您去看看。走到跑道，我对着走过来的一大群踢足球的同学问：阳子在哪里？他们面面相觑地说：阳子？可能是高一的。我再仔细一看是一群高二的学生。同时我听到身后阳子奶奶的声音：在那边。我向她招招手。走到看台一边，草坪上有一群学生在做俯卧撑。我喊：阳子！阳子趴在地上回头说：校长好！我说：你好！奶奶给你送来炒粉你怎么不去吃？他说：我们在做俯卧撑。我说：俯卧撑什么时候不能做！奶奶专门给你送来她亲手做的炒粉，你不吃，奶奶会伤心的，懂吗？阳子噌地站起来说：我去。我说：好，赶快去，俯卧撑回头再补做。我对一群趴在草坪上的孩子说，你们不能算阳子输。其实我并不知道这俯卧撑为什么那么重要。结果出乎意料，他们没有商量，不约而同地拿起衣服说"校长再见"，陪着阳子走了。看着他们离开的背影，我狠劲地想了想，脑海里居然只有感动。

今天早晨 7 点不到，我在景行楼一楼遇到阳子，远远地我就问他昨天吃了没有，他笑着说吃了，我说那就好。就在那一刻，我居然幸福地感觉到了教育的美好。

（2019 年 4 月）

我想玩滑板

　　上学期的一个周日下午 2 点多钟，值班老师在"平安校园"群里发了条信息："有几个学生在艺术馆地下玩滑板，有安全隐患。"我匆忙间理解为学生在地下车库玩，那里柱子多，而且停了不少车子，便在群里留言："那里怎么玩？小心被碰伤！"值班老师说："他们在一楼地面上玩。已让他们离开。"我几乎是全天候在学校，但也只是周日下午偶尔看到一两位同学在玩滑板，便没有当回事。回想起来，每次他们见到我还有点不够光明正大放不开的样子，我总是说"注意安全"，并无太多的话。现在看来，他们自己觉得那是"地下活动"，有点偷偷摸摸的意思。3 点多钟我转到生活区九思广场，远远看到两位手里拿着滑板的男同学向我走来，他们说："校长，能不能让我们在校道上玩滑板？"我问："你们有练过吗？"他们说："小时候练过。滑板带到学校，平时没时间玩，就是周日下午放松一下。"我说："当然可以玩，可是安全也要重视，不能出问题。最好能成立个社团，请位老师来负责。但我知道确实没有懂这个的专业老师。九思广场上都是人，校道人来车往，都不安全。我给你们一个建议，你们先到体育馆边上的敏行广场玩，周日下午那里人少，回头我给你们想办法。"

　　别过后我就一直想，何不就将敏行广场设置为滑板运动区。回办公室路过敏行广场时，看到那几位同学已经在那里尽情地玩，而且还多了两位女生。第二天上午的校党委会上，我提议周日下午将敏行广场设为滑板运动区，竖块牌子，注明时间，强调安全。大家一致同意。过了几天牌子挂在灯柱上，蓝底白字非常醒目。往后每周日下午这里就成了滑板爱好者的天地了。要让合法的"地下活动"公开化，活动才能带给人以享受。这也就是我常说的"让百分百的学生都绅士"的意思。

本学期班级数增加，临时又有教师离职，还有女教师生育，招聘工作不畅，教师吃紧，图书馆只有两个半人，经常加班但仍运转不灵。上周日下午我专门到图书馆看看，结果所到之处均吃了闭门羹。这个我是有思想准备的，特别是开学之初。我没有仔细看这学期图书馆的开放时间，只是习惯性地走到那里，似乎只是确认一下。第二天的校党委会上，我说我们要克服困难保证图书馆以及其他功能室最大限度的开放，尤其是周日下午，能开尽开，哪怕调班。周日下午是学生难得的自由支配时间，只要他愿意他就可以在这些地方以自己喜欢的方式度过一段愉快的时光。不能完全以教师上班的节奏来安排学生的校园生活。老师上班，学生上课；学生下课，老师下班。功能室建得再漂亮也是摆设。我说不行就动员一点志愿者，我第一个报名。周日下午我就将文学馆当校长室，八百平方米，我很享受呀。他们说哪里能让校长来值班，先调调看吧。后来商量先将周六下午的班调到周日。周六初中生不在校，高中生要上课，我觉得这样安排也行。今天下午，文学馆、书库、电子阅览室都开放了。

文学馆建成后，《闽南日报》让我写一段话，我写了《让文学馆成为学生梦想起航的地方》。全文如下：

厦大附中文学馆正式开馆了，我期待文学馆成为学生梦想起航的地方。

这个梦想远不只是文学梦。毫无疑问，只有少数人专职从事文学工作，但几乎所有的读书人终身离不开文学。"文学即人学"，文学阅读是启蒙阅读也是最广泛的阅读，从精神发育、人生擘画到指点江山、灵魂升腾皆倚之而成。文学记录了历史长河、风雨山川、人间百态和变幻莫测的心灵世界，因此，在学生时代，如果没有文学阅读，人的成长是不完善的，人生也会是苍白的。读书的姿态是最美的，阅读是最好的美容方式，这不仅指我们的内心因此得到充实，单就外表来看，安静读书，态若童稚，童真之气自然生成。婴儿没有不美的，盖因纯真。"腹有诗书气自华"，阅读将使教育变得更高贵。让我们在文学天地里，做一个气定神闲、精神上气象万千灿烂辉煌的人。

文学成于小众但根于大众，我期待有更多的同学在课余时间勇敢地拿起笔来，抒写自己的生活。"只有写才会写。"我们为什么要写作？首先源自实用主义。凡处在各行各业重要岗位上的人都离不开写作。所谓"立言"往往也是工作的需要。举凡伟人，哪一个不是著作等身的。但是，我觉得最重要的是，写作特别是文学写作是自我对话的最好途径，是让生活艺术化的最便捷的方式。对话自己，对话心灵，可以纾解生存焦虑；而寻常生活即便如秋冬之旷野，但在摄影家的镜头中依然可以是美丽的，到了纸上，自然也可以成为魅力无穷的文字。将平凡生活的真实体验写下来就可能有"诗意"。那些曾经感动过你的文字，经过岁月的淘洗依然会令你感动。也就是说，普通人照样可以书写出诗意人生。现在这个馆里藏有几乎所有公认的世界名著，但让我视为珍宝的是附中学生出版的七部著作以及发表的近千篇作品的报纸杂志。我坚信，这样的"馆藏珍宝"会越来越多。

亲爱的同学们，当你身处天涯海角，在满天繁星下，附中文学馆进到了你的梦乡，那将是一件多美好的事！我相信一定会的。

其实，我希望附中的每一处都是学生梦想起航的地方！

（2020 年 9 月）

为了一场约会

2019 年 11 月 13 日傍晚，校园电视台举行首次访谈直播。我是受邀的第一位访谈嘉宾，接受了主持人、校学生会主席陈昕同学的 50 分钟采访。节目被同步直播到部分教室里。访谈的最后一个问题是："每天傍晚在路上见到您，不是在去操场的路上就是在从操场回来的路上，跑步似乎成了您生活中必不可少的一部分。您能跟我们分享一下跑步的时候您都会想些什么吗？在坚持跑步的过程中有什么意料之外的收获吗？"这问题无法有效回答。跑步时我既不能不想什么，而想什么也往往并非自己能够控制的。我记得当时我说了这个意思：跑步本应从容享受，但遗憾的是我不得不想一些与跑步、享受甚至和自己无关的事。形在跑步，神还在工作。也只能如此，还能怎样？

元旦晚自习，我在高三 8 班督修，课间遇到张同学，他笑着对我说："校长好！听说您对我不太满意？"我说："谁说的？怎么个不满意？"他说："因为我上课没带试卷。"我说："这难道不是事实？但谈不上不满意，我也没说'不满意'，只是我们对你有更高的期待。"那天我在他们班听课，老师讲评试题，让他回答问题，他拿起同桌的试卷作答，下午正好开质量分析会，我在会上点到了这件事，大概他们老师说他了。他又问："我马上要到清华去参加学科营活动，校长有学长的联系方式吗？"我说："有。这样吧，明天傍晚 6 点半你到我办公室，我要和你聊聊，顺便帮你联系学长。"他说："好，谢谢！"这以后直到第二天谈话结束，和他晤面就成了我心中最重要的事，生怕因故失约。

第二天下午第三节课我去观摩了一节班会课，没想到本应 4 点 50 分结束的课延续到了 5 点 20 分，回到办公室已是 5 点 35 分，要不要例行跑步就有点犹豫。平时没事，晚点没关系，今天有约，时间就有点紧张。踌躇再三还是决定先去跑步。天气很好，何况还有点时间。然后更衣换鞋一路跑至操场。一边跑一边计算时间，精确到每分钟。总有一种紧张感和焦虑感，跑得不轻松。因为听课"失算"，便决定较平日少跑两圈，放弃最后的放松性步行。跑到第六圈时已快到 6 点 10 分，算来算去时间有点紧，虽然吃饭只要五分钟。因为浑身大汗，便到看台下面的洗手间换衣服，心里矛盾着：是去吃饭还是让太太带饭，我先回办公室？又觉得抓紧点也许还赶得上，带饭等会儿也没办法吃，麻烦！换好衣服拎着包就走，又回头拉伸了一下腿。太马虎潦草，右膝盖后面的肌肉被拉伤了，疼了一个星期。离开操场时又感觉没把握，于是给同事打了个电话问他 6 点半会不会在办公室，听得出来他语气中有些不确定，我说"没什么事"。挂上电话后同事又打来电话说另一同事已吃过饭，会在办公室。我赶忙给那位同事去电说："6 点半我约了位同学，您提前在走廊等一下，让他先到您办公室坐会儿，说我稍迟点。"交待完便觉大为轻松，仿佛彩票中了大奖。

匆匆吃了几口，连餐盘也交由太太代送，便从前门一路快走到办公室，一边开门一边喊在旁边办公室的张同学，我看了一下手机，时间正好跳到 6 点 31 分，总算没有失约！其间，刚走出食堂，接到同事电话，说张同学已在他办公室，让我别着急，我突然有一种稳操胜券的快乐感。如约，我和他聊了半个小时，帮他联系在清华就读的附中校友，送了他一本我的演讲录《让教育更加尊重生命》，给他题写了一句话："用奋斗成就幸福的平凡人！"在两年前的校庆讲座中，因为他现场回答了一个问题，我也送了他一本书。

送别。电梯门关上。如释重负。心头涌上一种幸福感。

跑步的时候，我的心总有一种被什么拴住的感觉，总是那么着急。

两天后的周日傍晚，我在操场跑到第五圈时，看到操场入口处有两位家长模样的人和我打招呼，我边跑边回应。跑到第七圈时，男的说："校长，等您跑完后我有事找您。"后两圈，我人围着操场转，但神就绕着他的话转了。跑完第八圈后直奔他们过去，一问原来他们是老师的家属。给我出了道难题是我绕了两圈也没想到的。于是兴味索然，告别后便离开了操场。

有一个疑问我太太问我无数次，往后还会问，这就是："你在想什么？"我承认，九成是想别人的事。

校园电视台访谈第二天，我看到校园网上的报道和陈昕同学的文章《莫问收获，但问耕耘——与姚校长畅谈后有感》，便发了一条微信朋友圈：阅读卢梭、怀特海、杜威等教育家的著作让我有一个感受——理想在独自前行，无法改变坚硬的现实，从来如此；但理想如果消失，则现实会令人窒息。因此，理想因希望而使人生活在平行宇宙里且亦可幸福。

教育即影响。

漫步校园，所见皆知音。

这难道不算幸福？

（2020 年 1 月）

少给师生贴标签

厦大附中到底有什么特色我也说不清，但有一项工作可能算是与很多学校有点不一样，就是从建校招生开学第一周起就有"周工作计划"，而且今天仍可以在学校官网查询到，从 2008 年 9 月 1 日至今，细致到每一个上课日。没有特殊情况，周计划正式上网发布前我是一定要过目的，一是提前了解一下一周工作的大致情况，有时还需要宏观平衡微调一下；二是把把关，不要出现什么问题，因为是公开发布的。记得有一次，办公室主任将下一周的工作计划发过来，我一看周二安排了"高三优秀学生座谈会"，我就感觉"优秀学生"四个字用得不妥。虽说优秀和不优秀在一定程度上客观存在，但写进周计划中公开出去似乎就有些不妥。再往下看，周四安排了"高三后进学生座谈会"，我便直接回复："将这两个座谈会都改为'高三部分学生座谈会'。"我觉得给学生公开贴标签非常不妥。但在今天的中国学校里，公开给学生排队、贴标签的事已是屡见不鲜。

开学前，同事和我商量晨会和早操的队伍排列问题。这个学期班级数和学生数都增加了，田径场排不下，需要分散到篮球场。他们的意思是将"六年一贯制"实验班的学生安排过去，我不假思索地就否决了。我的理由一是不给他们搞特殊化也就是人为贴标签，二是他们一共只有六个班解决不了根本问题。我建议让初三年段十个班全部过去，恰好能站下，又是整建制，不会引发其他联想。"六年一贯制"本身就是标签，因为这些学生不需要参加中考直升本校高中部，课程设置和教学进度也有别于其他班级，总体和其他班级本来就不一样。今年之前的五届学生，从初一到高三，一朝同学便同班六年，无论从哪个角度看，他们和其他班级的学生都有些不一样，很容易被标签化。他们自己和别人（老师和学生）往往也觉得"非同一般"。所以我们一直试图在教育管理上一视同仁，力图破除他们心中的"特殊化"。"标签"客观存在，我们能做的就是尽量淡化"标签"的作用。

记得去年开学初，高三年段早操排队就引发了一场不大不小的风波。之前我就提醒过有关同事，让他们妥善处理。我之所以有这个警觉源自中考期间他们的一次教室安排问题。上届高三学生已离校，他们（已是准高三）教室所在的洁行楼要用作中考教室，他们被临时安排到生化实验楼和艺术馆上课。因为1班2班（"六年一贯制"）人数少，就被安排到艺术馆的音乐教室，其他班级被安排到生化实验楼。音乐教室有空调，实验室没有空调。结果就有同学发短信给我，说学校偏心。我只好做了一番未必令他们心服口服的解释。新学年开学前安排早操场地，因为体育组长新上任，没有经验，将后排高三年段由往年自北向南改作自南向北，10班靠边，1班在中间。9班10班是文科班，学生人数多，靠近田径场的弯道站不下，1班2班人数少，站在边上比较合适，于是隔几天后没做任何解释就调整为1班2班靠边，9班10班靠中间。按说站在哪里都一样，但在我们的田径场、尤其是在炎热的夏季，站在哪里还真不一样。早操那个时段，靠近弯道的那一片被1号宿舍楼挡住了阳光，晒不到太阳。因为这点差别，就有学生写信给我，说学校偏心，临时调教室让1班2班到有空调的教室也就罢了，连做操排队也让他们站在阴凉处，有点太过分了。他们甚至和年段长吵起来了。最后只得我出面解释。我说了1班靠边排的道理，说了历来如此并非今年才这样，说了新体育组长不熟悉情况，还说了"父母之爱子，必为之计深远"，真要偏心反而不会照顾的道理，还说了我每天都站在太阳底下也没觉得什么，更不会考虑那么细，还说了太阳是南北移动的，过几天都在太阳底下……我不知道他们是否信服，但也就此作罢。两周后，只剩下前面几位同学站在阴影中，到了秋凉的时候晒到太阳自然就不是问题。这再次让我直观地感受到标签化和公平的问题在学生心目中的分量。

僧人也分三六九等，在学校里绝对不贴标签是不可能的。少年有"五道杠"的也有一道杠都没有的。加在学生身上的头衔、光环、标签不可胜数。这些东西，如果每个人都有，就失去了他本来的意义；如果注定只有一部分人有，那竞争就免不了。所谓"内卷"可谓无处不在。内卷导致无谓竞争增加焦虑感，贴标签就是放大恐慌感，而少贴标签就可以营造宽松的气氛。

不少人以为我生活在桃花源中无忧无虑，其实我承受的压力与他人无异。质量的压力，安全的压力，发展的压力……但我不愿意也尽量不将压力传递出去，宁可自己扛。我们也有KPI考核，但办学以来的KPI到我这儿为止，连校级班子成员都不清楚，而更多的同事连KPI是什么都不清楚。现在有个时髦的管理理论叫层层传导压力，我承认这个理论的正确可靠，但不认为它放之四海皆准。我觉得厦大附中的每位老师都很拼，没有必要人人身上再背一个官方的显形的指标。哪一个人没有压力？我想在我这里就将压力传导和焦虑传染的链条斩断，尽管事实上不可能斩断。

国庆节放假前，我在群里发了这么一条信息："提醒：（1）各年段关注一下各班各学科假期作业布置情况，作业量要合理。反对布置不批不改不检查、纯粹为了控制学生时间的无价值无意义的作业。科学合理的自由休闲的能力、和家人和睦相处的能力、独处的能力、自由阅读的能力等都是人生的重要能力，也要培养。（2）我们的学生大多数心理负担是比较重的，特别是高中生，尤其是高中女生。有高三学生写信给我，说看到班级高考倒计时就有一种恐惧感。很多身体问题都可归因到心理上。要重视加强心理疏导，缓解焦虑情绪，减轻不必要的心理压力。"组织学生离校的时候，目睹学生在雨中看书的情景，我发了一条微信朋友圈："此刻，高中学生离校。高三有四天假，其他年级有八天假。早晨我给同事们打招呼，不要给学生布置没用的作业。对于那些在雨地里等车还打伞看书写作业的学生来说，布置太多统一的作业实际是看低了学生的境界。不久前我从媒体上看到，有辆大巴在隧道里出了故障，交警赶到后看到的是学生在隧道里读书写作业，转移至服务区后还在看书写作业。交警说：'真的被感动了！'报道的最后说：'这是厦大附中的学生。'我将文章转给同事们说，'精神可嘉，但有太多需要反思的地方'。"我想，很多时候是可以消除无谓的紧张感和焦虑感的。

　　自 2007 年辞去蚌埠铁路中学校长职务来漳州开发区筹建厦大附中始，我就下定决心不再参加任何个人评比。但是，我个人可以不要"标签"学校不能不要，而作为校长，有时候学校获得"标签"的前提是校长要有"标签"。坚守是很难的！所以我说，做了二十几年的校长，越来越深刻地咂摸出投降的滋味。事实上，加在教师身上的头衔、光环、标签同样不可胜数。除了两院院士、长江学者、文科资深教授、杰出青年之外，还有黄河学者、泰山学者、天山学者、闽江学者、赣江学者、珠江学者等。中小学幼儿园也有不少类似标签。几乎所有地方都在评选教育家型校长、名校长、骨干校长，有不少学校评选名教师、研究型名师、明星教师、首席教师、学科带头人、骨干教师等。我觉得，办学校做教育不能照搬 NBA 那套，不能只靠明星，因为学校里的每个学生都重要。你给教师贴了标签就等于给学生也贴了标签。如果一所学校，没有"名师"，没有课题，没有论文，但办学行为规范，质量优质，学生喜欢，家长信任，难道不应该更值得鼓励和赞赏？为了几个标签，挤破脑袋，恶性竞争，相互倾轧，生活当然失去诗意。

　　所谓稍稍有点诗意，就是尽量不要加码。生活已然紧张，何必再给学生和老师加贴标签！

（2020 年 10 月）

何必吝啬那点阳光

上周五下午 6 点多，我参加完市高三质检分析会，在教室走廊上碰到一位女生向班主任家仓老师反映什么问题。隐约听到是宿舍空调的事，便走近询问。原来是宿舍空调故障，说已经报修几天了还没有修好。我说我来找物业，让他们马上修，暂时修不好先给你们临时调换一间宿舍。女孩儿连声称谢，我说别客气。随后我给总务处炀宾主任发了条信息："5511 宿舍空调故障，报修几天了。不行先换个宿舍。"

在食堂吃过晚饭后，我从田径场一侧回办公室。途径西门，远远就听到门卫师傅在发飙："校长来了，你问问校长行不行！"我走过去问是怎么回事，门卫师傅说这位女生放学出了校门又要回到学校。女孩儿和他争辩说为什么不可以回到学校，她要到学校田径场跑步。门卫师傅大约是大声呵斥她："这又不是你家，想进就进想出就出？"可能还拖泥带水地说了许多"废话"。女孩儿感到很委屈便哭起来了，正好碰到我路过，于是哭得更厉害了。我对门卫师傅说，您先让她进来，我问问情况。原来女孩儿出门看看接她的家长来了没有，也就跑出门外几步远，返身就进不来了。门卫师傅又数落她："又不是第一次，天天这样！"女孩儿又争辩说"我哪天天这样了"，接着又哭了。

这女孩儿我很熟悉。2007 年 6 月 20 日傍晚，我第一次来到当时叫寨山、今天叫厦大附中的地方。非常巧合的是这女孩儿生于 2007 年 6 月 20 日。在去年的秋季开学典礼上，我当着全校师生的面赠给她一本我的新书并朗读了我的题词："2007 年 6 月 20 日，一位小天使降临人间，她是你；同日，一位老师远道来到寨山，他是我。你我相约而来，如今相伴而行。祝你幸福快乐！"因为这个原因，我一直很关注她。在校期间几乎每天相遇，一般我们点头示意，偶尔会说几句话。为了参加游泳队的事她给我写过信，我专门找过她。本学期开学以来，傍晚我在操场上也经常碰到她和同学一起跑步。

这件事门卫师傅并无原则性过错，他不过是在执行学校的规定。但并非没有问题，他不应该呵斥学生；在进出人员不多的情况下，学生出门伸头看一下就不给进学校属于太机械。所以，我先做女孩儿的工作，给她讲道理，后交代门卫师傅要注意工作态度和工作方式。后来了解到女孩儿家住学校旁边，她有时放学后先送书包回家，也许要换个衣服，再回到学校操场跑步。因为她家离操场比教室离操场还近，这样方便。类似的事确实不是第一次，但也并非天天如此。

大约是女孩儿对家长说自己被门卫师傅骂了，而且委屈地哭了。用家长的话说从未看到她如此委屈过。孩子从小喜欢体育，学习成绩优异，意志力很强，这次居然如此感到委屈，里面一定有什么问题。所以，第二天上午，家长通过班主任约我谈谈，我说可以。他们很快来到我办公室。我将同样的道理说了一遍，同时，我也承认我们的门卫师傅的素质有待提高，也将学校的进一步改进措施对他们说了，最后他们愉快地离开了。

官僚主义不是官僚的专属，衙门里的小吏甚至衙役往往也官僚主义得很。市政府里的保安恍惚觉得自己就是市长，省政府里的保安则恍惚觉得自己是省长，口气都大得很。多年前，我们一位刚参加工作的同事上班进不了校门。他对保安说"我是老师"，保安说"你居然敢冒充老师"。几个回合下来，年轻的同事被搞哭了。我有一年暑假到某小学开会，散会时遇到暴雨，我没有带伞，站在楼下等候。站的地方离大门口就40米，接我的车子在大门口，保安就是不给进。驾驶员指着我对保安说"我接他，进去就出来"，保安就是不给进。我打个冲锋跑出校门坐上车，听到他说"你以为你是市长呀"，我理也没理他就走了。类似的故事我还可以讲一箩筐。

周五傍晚 18 点 37 分，我刚在办公室坐稳，炀宾主任发来信息："今天收到维修单子。5 月 24 日修过一次。我马上安排。若无法维修，会安排换宿舍。"后来换了个配件，学生晚自习回宿舍后空调就正常了。

周六中午我在食堂吃饭的时候，一个女孩儿过来给我鞠躬说："谢谢校长！我们昨晚用上空调了。"我说："不客气，应该做的！"傍晚我到操场跑步，路过南门时，正在取快递的一个女生跑过来，也是给我鞠躬说："谢谢校长！我们宿舍空调修好了。"我问："你叫什么名字？"她说："董冰冰。"我说："你就是董宿舍长呀，我看到你填的报修单子了。"她满脸阳光地再次鞠躬说："谢谢校长！"那一刻，我也感觉内心充满阳光。

在去往操场的路上，我一直在念叨：我们何必吝啬那点阳光！

到操场后，我又想起去年运动会第一天发生的一件趣事。七年级的王思远同学担任颁奖工作人员。因为是第一次参加附中校运会，他以为就是他颁奖。获奖选手一过来，他就急不可耐地将奖牌递给选手挂在胸前，现场的学生会同学制止说："等会儿，校长颁奖！"他看了我一眼，吐了个舌头，赶忙拿回放在托盘里。运动员站上讲台后，我邀请思远代我颁奖，我替他端盘子。思远矜持了五秒钟还是接受了邀请并顺利完成了颁奖，引得在场所有人大笑，思远也非常开心，而我现在想起来还非常开心。每个人都绽放一点阳光，这个世界就会特别温暖。在学校工作，慷慨地送给学生一点阳光有何难哉！

（2020 年 6 月）

奔跑的男孩

4月20日初三复学后，我突然发现早晨上班的时候，经常看到一个穿着附中校服、背着不太大的背包的男生在南滨大道的慢车道或人行道上向附中方向奔跑着。一般总是在嘉庚的北门到南门之间遇见他。刚开始我以为他是赶公交车，后因在不同路段都遇见同一姿势的他，便断定他是跑步上学。因为我们都比较准时，几乎没有在北门以北碰到过他，所以我以为他家住北门附近。虽然离校也不近，但到底不算太远，三公里多一点，遂觉跑跑也无妨。看他日复一日地奔跑，我便觉得有如此毅力的孩子学习成绩一定不错。一个励志典型在脑海里诞生了。

这个时候，我隐约感觉上学期似乎也遇到过他，但印象并不深刻。因为我上班比较早，不是每天能碰到他。有好几次我都想减慢车速将车子靠过去问问他是哪个班的，但快车道上后面总不免有车跟着，安全起见终未能如愿。直到6月中旬的一天早晨，过了嘉庚南门看到他，我便决定等会儿我先到附中南门截住他。我从附中东门进校后匆匆将车子停到艺术馆地下车库，估摸着时间还够，便一路小跑到办公室，放下包，戴好校徽，然后快步走到南门。在南门足足等了十分钟也没见到他。他已先我进了校园。看上去他跑得不快，但因为不停步，其实也不慢。进了班级我就找不到他了。

早自习巡堂回办公室后我在群里询问，有同事回复说是初三7班的洪迈（化名）同学，家住厦漳大桥桥头，每天跑到学校。这着实让我吃了一惊，因为这距离足有15公里以上。每天跑如何吃得消？同事又补了一句："虽然学习基本不会，三年没有旷过课，上课基本不睡觉，也不闹事。"那一刻我有一丝的失望，好像不是我心中的励志典型，"人设"崩了。我在群里回了一句："也倒挺有毅力的。"我查看了他最近的一次考试成绩，基本垫底，数学只有4分。第二天早晨我到教室找他聊，方知他家住花园城，离校应该有八九公里，他全程跑过来。从去年暑假以来一直这样。我问为什么，他说想拼一把，我问拼什么呢，他说看能不能上体校。我问他参加校运会了没有，他说没有。校运会都没能参加，我便有些怀疑他的身体素质和运动天赋，但还是狠狠地鼓励了他一番。还嘱咐他备件上衣，到校后在洗手间换一下；还嘱咐他要根据身体、天气状况确定是否要跑步，安全第一。他都一一答应。

回办公室的路上我的心情很沮丧：对这样的同学我们给了他什么帮助？那天，我一整天都在心里问：谁能告诉我，为什么他有毅力每天跑步上学却不能改变数学考4分的局面？

那以后，我就特别关注他，有机会就找他聊聊。天气炎热，5月中旬以来最高气温大多在35度以上，每天他跑到学校后浑身衣服湿透，然后就那样在教室里坐一天。身上汗味儿很重，同学也不愿意走近，他常独来独往。我真的是语重心长地告诉他："一定要带套干衣服来换，哪怕只带件上衣。天天穿湿衣服会伤害身体，你现在不觉得，等将来发现问题就迟了。跑步是为了健身，可因为穿湿衣服损害了身体，你跑步有何意义？"他点头答应，不会多话，然后照样不带衣服。

后来了解到，他父母从广东来漳州港打工，家庭条件不算太差。他从小在漳州港的幼儿园、小学上学，后来到附中读书，凭现在的成绩上不了任何一所普通高中。他想回广东上体校，据说父母也在为此想办法。他有个妹妹，三岁时得了白血病，六岁做了骨髓移植，三年后发生排斥反应，去年9月1日病逝，不到十岁。家里也因此而经济拮据，但还能过得去。得知这个情况后，我说了很多宽慰的话，他看上去情绪还好。但我想，他懂事后，家长的精力几乎都在挣钱和给妹妹治病上，他成长的环境一定不会太好。

一天傍晚 6 点，我在操场跑步，发现他也在跑，这是我第一次看到他傍晚在操场跑步。而我几乎是天天这个时候跑，之前没遇到过他。我问他早晨不是跑过了吗，他说是；我说怎么现在还跑，他说再跑一会儿；我说等会儿怎么回去，他说跑回去。我脱口而出"跑太多了，没必要再跑了"，他还是说想拼一下。又一天傍晚 7 点 35 分，我开车回家，在医院路口调头的时候看到他从我身边的慢车道向他家的方向跑过去，我没有办法和他打招呼。他这么晚才回去，那一段路那一侧没有路灯，而且在慢车道上逆行，不时有电动车疾驰而过，非常危险。太太说要么我们追上去送他回家，我说到前面调头回来追不上他，而且在马路的两边，不方便。回到家我立即给他班主任陈老师发了条短信："陈老师好！我刚才下班开车回家，7 点 35 分在医院路口看到洪迈跑回家。我开车没法拦住他。太晚，而且在慢车道逆行，很危险。运动量太大也不好。"陈老师回复："谢谢校长提醒，我会跟他和家长再好好沟通一下。"因为我很少 8 点前回家，所以这是第一次晚上发现他跑回去。

之后有天早晨，我在嘉庚中门遇到他，因为门口开阔，便将车子靠过去，喊他上车，他没有拒绝，坐到后排座位上。他浑身湿透，汗水都打湿了座椅。进了学校东门，我问他吃早饭没有，又问他每天什么时间吃饭，他"唔唔啊啊"说不清，我让太太带他到食堂去吃饭，他也没有拒绝。太太带着他去食堂，我停好车后到教学楼巡堂，然后也到食堂吃早餐，路遇太太，她说给他买好饭带到教室去吃了，我说会不会他早晨不吃早餐，太太说也有可能。我说了解一下，不行给他卡上充 500 元钱，太太说"好"。用好早餐后，我又返回教学楼找到他，很严肃地问他早晨有没有吃饭，他说吃了，我问吃了什么，他说吃了麦片，我说光吃麦片怎么行，他说还吃了别的。我说早晨不吃饭你跑步有什么用，他点头。其实我是一头雾水，吃饱饭怎么跑步？不吃饭怎么能跑步？又怎么能熬过一上午？我的疑惑源自太太带他去吃饭他就去了。我又问他中午怎么吃饭，他说在食堂吃饭，我问一般吃多少钱的，他说十元钱左右。我说不许撒谎，他说是真的。我又问一周家长给多少钱，他说100元。因为只在学校用午餐，100元不算少。我顺便从他班主任处要来他家长的电话，打算跟他家长聊聊。

回到办公室，我给食堂经理发了条信息，让他将洪迈4月20日复学后在食堂用餐的全部记录打印给我。中午我在食堂吃饭的时候拿到这份流水单，回到办公室仔细研究了一下，发现大多十元多一些，最多的有22元，或许有同学借用了他的卡。也有两三天没有记录，大约是他用了别人的卡。后来我问他怎么回事，他也是"唔唔啊啊"没说清，我也怀疑他偶尔没吃午饭。我想送他两件短袖校服，一问德育处暂时没货。太太随即在淘宝上给他买了两件短袖T恤，一灰一白。灰色的第二天到货，白色的拖了几天，正好高考放假，他不到校，我请和他同住一个小区的张老师带过去了。让他假后早晨穿这两件跑步，到校后再换回校服。前天早晨我在路上看到他穿了那件灰色短袖T恤，昨天早晨穿了那件白色短袖T恤。今天早晨没遇到，傍晚在操场跑步时再次遇到他。

几天前，我给洪迈的母亲打了电话，表扬了洪迈，也让他们注意洪迈的身体，她表示感谢。后来给我发短信："谢谢您送我儿子衣服。"我说："不值什么钱，一点心意。"她："我儿子一心想考体校。"我："有理想就好。人生路有无数条。"她还说了女儿的情况，我说："听说了。不要难过，你们尽力了。"她："我也想过我儿子来回跑步上学不安全，但他不听。他说要为这个家争光。听起来挺懂事的。校长，十分感谢您！"我："就尊重他吧。不客气！"我："湿衣服一定要及时换，不能穿一天，对身体不好。现在看不出来问题，等有问题就迟了。另外，早晨要吃饭！"她："好的。谢谢！"

在6月20日前后的市质检中，他数学考了8分，比前次多了4分。巧合的是，在初一入校的分班检测中，他数学也是8分。分班检测总成绩43分，排名全年级 502 名，其中语文 35 分。市质检排名 489 名。在我能看到的整个初中三年的 15 次考试中，他的名次一直在 483 名至 506 名之间，大多在 500 名之后。我问他的体育老师跃元，洪迈的运动天赋如何，他说："一般吧，不过挺努力的，很执着。他要考广东的学校。体能没问题，但他要考篮球，技术方面不好。"怎么又要考篮球呢？可没见他打篮球呀。

但愿他"拼一下"能实现自己的理想吧！我脑海里浮现出那个不停奔跑的阿甘。

（2020 年 7 月）

补记：

8 月 6 日，中考成绩揭晓，洪迈总分 308 分，年段 499 名，数学 15 分。他只能上职业高中。8 月 29 日下午，看到有初三毕业生到教务处领取毕业证，我又想起洪迈，便给班主任陈老师发了个短信："陈老师好！洪迈会上什么学校？"陈老师回复："校长好！他上漳州交通技校汽修专业。"这是我曾经给他的建议，不知他是不是受了这个建议的影响。以我的经验，他上体校为时已晚，不如学门技术。稍后 5 点多一点，他们母子在陈老师的带领下来到我的办公室，说是要当面感谢我。因为办公室有客人，我只在门口嘱咐洪迈几句。顺便送他一件哈工大百年校庆文化衫，告诉他哈工大是最好的工科大学，让他穿着这件文化衫好好学习技术。哈工大百年校庆时邀请我录了个祝贺视频，他们送我几件文化衫，我全送人了，给他留了一件 185 号的。

我们的生活充满阳光

——致姚校长的一封信

7月26日上午，我们仍按惯例举办高考志愿填报指导会。因为学生和家长有一千多人，所以我们先在篮球馆集中讲解，然后再分班进行。我只在开始讲了几分钟话，一是介绍一下附中今年的高考成绩，二是向同学们表示祝贺，三是对家长们表示感谢。最后我说："感谢各位家长与我们同行三年或六年，大家也是'附中人'。"随后我就离开体育馆到洁行楼，逐一与来自各地的知名高校的招生老师见面。见面结束后，高校招生老师在相应的教室接受学生和家长的咨询，我站在3号报告厅边上的通道处，不时回答过往的学生和家长的咨询或者与他们聊聊天。快到11点半的时候，学生和家长陆续离开，我也准备到食堂就餐，这时，高三2班的林歌（化名）同学递给我一个大信封，说是写给我的信。信封上用毛笔写着"姚校长亲启"，我对他说："谢谢！我一定认真看！你的字写得非常好！你爸妈也来了吗？"他说："谢谢校长！爸妈也来了，在那边。"人太多，我看不清在哪里，只好说："代我向他们问好！"林歌说："谢谢校长！"

真正认识、关注林歌是去年4月份的一个周六。那天早晨我到教学楼巡堂，走过高二2班的门口，班主任汪老师在走廊和一位男生谈话，男生满脸的红疮再度引起我的注意，我突然觉得情况有些严重。之所以说"再度"，是因为之前一段时间我在教室外面或者早操的时候也注意到过，但因距离远，只是觉得相对严重，总体感觉还正常。面部痤疮，男女生都有，虽属个别，但不稀奇。那天早晨我是近距离观察，而且是盯着看了一下，我当时就有点吃惊，因为太红了。我可以想象得到他受到何等严重的困扰。皮肤病很顽固，不太容易治愈。过后，我到高二班主任办公室找汪老师了解了一些情况。实际情况比我预想的还严重。我当即给我的学生朱元杰博士去电话，他是解放军长征医院的皮肤科大夫、哥伦比亚大学医学院访问学者。当时电话没打通。回办公室的路上，元杰打过来了，我介绍了简要情况，想请他帮忙，元杰一口答应，让我先传几张林歌患处的照片给他。我立即返回高二办公室，让汪老师联系林歌的家长。不久汪老师传给我一个54兆的文件包，我随即转给元杰。

近午时分，元杰发来微信："姚老师好！刚刚看了一下，应该本身就是一个囊肿型的痤疮，有药物处理以后的反应。让他先口服泰尔丝胶囊，每天两次，每次一粒，温水洗脸每天三次，停用其他药物。等先观察一周看一下情况。"他让我将他的联系方式给家长，可以让家长直接找他，说必要时可到上海去面诊。我将他的诊断意见和联系方式发给了汪老师。

之后，具体的治疗细节我没有再过问，我也从未和林歌提起过。间接得来的消息是他们可能没再麻烦元杰。求医问药的路上，他们接触的大夫一定很多，一定得到过很多人的帮助。然而，"有时是治愈，常常是帮助，总是去安慰"，病人自身的因素非常重要。那以后，我专门找他聊过，只是开导他，没说太多的道理。更多的是见面打个招呼。在我，是有一点特别用心的。印象里仅在食堂洗手池处就碰到过他好几次。我总是说"又好转了"。到了高三，我真的感觉大为好转。他的精神状态也大为好转。

国庆节上课期间，10月6日下午活动课的时候，他和同班同学陈雨（化名）在学校乒乓球室暂停使用的情况下擅自跑进去打球，而且是林歌翻窗开门的，被德育处通报批评。也许别人不相信，当我在得知林歌违纪的那一刻真的是情不自禁地哼起了《我们的生活充满阳光》。凭我的经验判断，林歌走出了最灰暗的时光。我当然为之高兴。我建议相关同事，处分是要处分的，但要手下留情。后来因为经过年段、班级的批评教育，两位同学能认识到自己的错误，最终"给予两位同学全校通报批评"。在我看来，那以后，林歌越来越阳光了。

看了林歌给我的信，感动之余涌起一种幸福感。这封信的落款时间是 7 月 24 日，这天中午高考放榜。

（2020 年 8 月）

致姚校长的一封信

尊敬的姚老师：

您好！高考结束之后，我一直在想，如果我不写这封信，就这样拍屁股走人，那我也太不够意思了。因为中学六年，尤其是高二、高三两年，我在厦大附中收获到的，远非学识与成绩。

高二这年是我的磨难年。相信您记得我那张满是红印的脸。那是我返校的第一周，我在走廊与汪老师交流，您经过我们之后，不到五分钟，我双腿发软，身体上的虚弱使我连说话的力气都没有，老师见状后，立马将我扶到了医务室。

即便如此，那也已经算是我的恢复期了。高二下学期之初，我就因为面部"毁容"未能上学。到期中考时，又黑又厚的痂已经完全覆盖了整张脸，夜晚瘙痒难忍，经常晚上 10 点上床，却不能入睡，直到次日上午 8 点左右，才由于全身疲惫麻木慢慢昏睡过去。醒来时，枕巾上已是斑斑脓血之迹。

我并不是一个怯弱之人。返校之时，我的学业已耽误三个月。比这更讨厌的，则是旁人的眼光。我说"讨厌"，是因为占据我内心的并非害怕，而是"仇恨"。在校道走路，遇见路人用看见怪物的眼光看我，我会努力记住那些人的样貌，想要日后杀死他们。在食堂排队，看见初中学弟对我议论纷纷，我常常在想，要不要冲上去揍他们一顿。

这并不是开玩笑，在面对心理上的极大挑衅之时，校规校纪是没有任何约束力的。生性不好惹的我，往往会想："就算被开除，被取消住宿资格，我也要教训他们。"父母常说："不要怪他们，人都会有好奇心。"但是这种似真似假的"大道理"谁会愿意听呢？

希望您不要生气。那天您从我和汪老师的身边走过时，您也用了一种"好奇"的目光看了我很久。我一直和您对视，我知道这样很没有礼貌，但是，对不起，我当时只是认为您与那样用看怪物一般看我的人一样，或者说，和那些议论我的人一样，都是一群将自己的猎奇心建立在别人的痛苦之上的"小人"。尤其是您在经过我身边后，仍然回头观望的样子，令我越来越怀疑：我真的看起来很恐怖吗？

请原谅我，因为那时的我，是一个十分喜欢黑夜的心理变态。每天最痛恨的事情，莫过于太阳从东边升起，阳光普照大地。至于第二痛恨的，便是走出宿舍，硬着头皮见人了。

我到现在一直认为，我高中的转折点，便是从母亲口中得知，校长竟然帮我寻医问药了。（我才 20 岁，因此，我不方便说这是整个人生的转折点。）

那时的第一反应是愣住。第二反应自然是我之前真是太蠢了，居然把关心我的人当成仇家，把君子当成了伪君子。第三反应自然是感恩！

在受到了您的初次关照后，我最明显的心理变化是：不那么想打架了。原因也很简单：姚校长是位好人，是位德高之人——我不能在他的"地盘"上生是非，给老人家添麻烦。

渐渐地，这颗种子开始发芽。我发现在厦大附中，这样的好人很多。汪老师经常关心我的身体情况，拉我出去谈心。吴邦忠老师在课堂上严厉地指着我的物理作业问："怎么三个月没读，一道题都解不出来？！"事后又关心地说："千万要抓紧跟上。"还有欧昌友、陈黎铃老师的一句"回来啦"，陈文贵老师的一声担忧"你的脸是怎么啦？又长痘啦"等，这些都是抹不去的记忆。印象最深的，还有李秀富老师，他高二时并没有教我们，也就是说他不了解我的情况。那时一轮复习，他要求我们自主填写学案。我一个连新课都没有上过的菜鸟，怎么可能写得出来？于是我只字未写，被他检查时发现了，训了两句。我很不甘心，没好气地说："我根本不会，没上过这节内容！"心里边已不打算学生物了！破罐子破摔！我是真没有想到，他居然过后反过来询问我的情况，让我有困难尽管找他。这让我感动万分。

从仇恨不平，到释怀放开，这一过程我也仅用了半年多。

我常常觉得，我好像死过了一次，现在的我，拥有的是第二次生命。

高三这一年，我和其他人一样，跌跌撞撞一路走来。我自认为我不容易，我有"眼压高"的症状，除了要克服学习上的困难，心理上的障碍，还要克服身体上的困难。

我记得有一次月考，我的眼压病又犯了，当时由于眼球胀痛，刺激太强，我几乎是一边流着泪，一边向汪老师请假，但我是面带笑容请的假。这种情况也能笑得出来？别人可能以为我是神经病。

高考后，我报名参加了太极拳班。同练的拳友看见我的疤，给我推荐了909医院的面膜、漳州市第三医院的激光手术。我却一笑，回答："我觉得我现在挺好的，不打算治！"居然对变帅没有兴趣？别人可能会认为我是个脑残。

事实上，我不是神经病也不是脑残，我想我拥有的是一颗感恩的心灵与一尊强悍的灵魂。

有人说："你不勇敢，没人替你坚强。"我想这句话对，也不对。确实，世上很多事都是冷暖自知，别人不可能为你承担本该属于你的痛苦。但是，产生坚强的动力、产生坚强的源泉、产生坚强的催化剂，却是实实在在可以从旁人处获得。在厦大附中，我被给予的，正是这些源泉、动力、催化剂，这也许比"坚强"本身更有价值，更为永恒。

高考放榜，我考了618分。这在人才济济的厦大附中不算太好。但我同样感激有这样的分数。比这更令我感激的是分数之外，我的其他成长，还有与附中的恩师挚友的相识相知。

我感谢在我目前为止最艰难的时光遇见附中，遇见姚校长及其他恩师、同学。也庆幸能将自己的青春年华献给厦大附中，也献给自己。

最后，祝您身体健康，祝厦大附中蒸蒸日上！

2020届毕业生　林歌

2020年7月24日

他毕业两年了，但仍是附中的学生

　　昨晚，2017届毕业生、现就读于北京某大学的张超（化名）同学的母亲给我发来一张张超和某国前首脑的握手合影，并留言："看起来蛮像回事。不知道的还以为是个人物。"我回复："本来就是个人物嘛！"她又回："您培养的学生。"还发了个捂嘴的表情。

　　看了这几条微信，我想起了上学期开学初发生的一件事。

　　2月28日下午4点多，正在国外访学的张母给我打来电话，说有件事无论如何一定要请我帮忙。看起来她非常着急。原来是张超在学校"闯祸"了。上学期以来张超在学校"犯"了两件事：一是他申请退团；二是期末考试在思政学科试卷上发表不恰当言论。影响较大。张母说，学校定性为"反党反社会主义"，是个很严重的问题。我安慰她说不会这么严重。学校既想挽救学生也想息事宁人，但毕竟不是小事，需要张超深刻反省，要检讨自己的错误言行。然而，学院分管领导和班主任都知道张超的火药桶脾气，不敢或不愿直接和张超接触，要求家长先做好工作。张母央求我专门到北京去一趟，当面做做张超的工作。事实上，她给我打电话的时候，张超的父亲正赶赴北京，但她担心他做不了这个工作，甚至有可能适得其反。她急切地希望我马上赴京。我安慰她说我一定帮忙，但一要先搞清楚情况；而且第二天我有事离不开，要去也得第二天下午才可以。我说我要先和张超聊聊，贸然去找他未必妥当。我想，家长是过于相信我的力量了。

　　放下电话，我就给张超在附中高中时的班主任吴老师QQ留言："最近与张超有没有什么联系？"吴老师回复："校长，您好！张超今年没有返校，最近也没有联系。我现在就可以联系一下他。让他直接联系您，可以吗？"我："不需要。我有他的联系方式。只是问问。"吴老师又问："好的。有什么需要我和他联系的吗？"我说："不需要。"我本想侧面了解一下张超的思想动态，但既然看上去吴老师没有这方面的信息，我觉得暂时就没有必要让他知道这件事。我有张超的微信，可以直接联系他。

晚饭后，我给张超发微信试探，为去北京做铺垫。我："张超好！开学了吗？寒假没回附中？最近如何？过一段时间我有可能到北京出差，也许会去看看你们。"其实我根本没有到北京出差的计划。张："开学了，一直在北京！我寒假1月18日回附中的，恰巧碰到学校举办一个全省的重要会议，听说校长有事，就不敢去打扰。我们在北京的同学随时欢迎姚校长来京！"我："谢谢！那天省教育厅在附中开会，我因为家里有事，傍晚就离开学校到外地去了。"张："随时欢迎校长！"他没有一点异常表现，话题扯不上，谈不下去。

我将与张超的聊天记录截屏给张母，并留言："无法往深里聊。谈不到那个话题。"张母："张超什么都还不知道，不知道自己埋下的地雷已嗞嗞作响。学校还没跟他谈，我们也没有。"我："所以这样没法聊。贸然去了也不好办呀。张超爸爸已经到北京了吗？"她接着发了个语音留言给我："他爸爸已经到了北京，和张超已经联系上了，准备吃个饭。但他爸爸怕控制不了局面，所以不打算和他聊这个事。"我："这也不是办法呀。他们老师的意见是什么？他们老师要出面做工作呀。出现了矛盾、碰撞，我们才有办法介入。"

第二天上午，我让张母将张超老师的联系方式给我，我说我来找他们谈一下，问题已经出了，就没有必要绕弯子，老师和家长都应本着帮助孩子来做工作。张母将学院党委分管副书记连老师的微信推给我，我随即加了连老师的微信。因为张母已交代我要联系她，也转达了我的建议，所以连老师通过微信后即问候我："姚老师好！"我给连老师发微信："连老师好！张超性格倔强、偏激，需要我协助做工作的尽管吩咐，我一定尽力！"连老师回复："辛苦姚老师，我正准备跟他和他爸爸谈一下。"随后我和她谈了自己的看法，认为没有必要戴那么大的帽子，还是要坚持批评、教育、帮助，要直面问题，没有必要回避。

一个多小时后，连老师发信息给我："姚校长，我刚谈完，谈得很愉快。张超开始认识到自己之前的思想问题，也愿意改变，让人欣慰！我们学院和我本人都是希望帮助和引导张超转变思想的，这么优秀的孩子，真心希望他别走偏了。"看得出来，他们也松了一口气。几乎同时，张超的爸爸也将情况发给了张母，张母截屏给我，大意就是连老师将退团、思政试卷的事都说了，张超态度较好，连老师说事情就算过去了，但张超要向思政老师道歉并写一份思想汇报。我也将连老师发给我的微信截屏给吴老师，并用微信告诉她："说开了，我也会找张超聊。"

中午，我给张超发了一条长微信："张超好！最近可能碰到一点困扰，未必是坏事，在你这个年龄很正常。但你要相信，老师和家长都是爱你的，都是最愿意帮助你的。你应该能体会到这两天你爸妈的焦虑。相信你能帮他们消除这种焦虑。这也是你的责任！青年人有自己的思考不是坏事，但并不必然正确，要听得进别人的意见。很多困惑的排除需要时间，不要匆忙下结论。先求得学术上的进步，未来有的是验证的时间。对老师要尊重也要理解，要换位思考。教师的首要责任是训练学生的大众思维，然后才是特异思维，最后才是批判性思维。教师面对众多学生，需要传导普遍真理。而批判性思维远不只是'批判'！人生虽长，但关键处只有几步，要多听老师和家长的，特别是在求学阶段。失去了基本机会就有可能失去所有机会。我相信你能处理好一切问题！需要和我交流也可以直接给我打电话。欢迎暑假回附中。今年暑假我们有打算举办正式的校友返校日活动，将开放所有场馆，让校友在体育馆打球，在游泳馆游泳，在艺术馆唱歌跳舞，在礼堂看电影，在图书馆看书，在食堂就餐，重新坐回自己的教室和宿舍。母校永远惦记你们并随时愿意为你们服务！"张超回道："嗯嗯，谢谢姚校长！非常感谢姚校长一直以来的关心！"随后在微信里给我献了三束花。

后来张母给我发来微信："姚校长，感谢您出手相助，爱生、护生，一路相伴，一个让人感动的优秀的教育家！您是张超和我们家的贵人，得此，何其幸运！一个刺猬般的学生，如果不是有您这样的校长，他可能中学都走不顺，更别说大学。有您这样的校长，张超实在是太幸运了！"我也只是拱拱手。两天里说了太多的话。

在厦大附中的六年里，张超确实让我费了一点心，要不然张母不会找到我，毕竟他已经毕业两年了。

（2019 年 8 月）

拯 救 小 鸟

7月19日，中考第二天。午饭后我从食堂回办公室，在日知广场的台阶上，远远地看到三个女生沿中轴往南门方向走，在拐向行政楼的时候，走在后面的女生回头看到我，她们便停步站在那里等我。我快步走到跟前，她们对我说遇到一只受伤的小鸟，正想上楼找我帮小鸟疗伤。其中一个女生小心翼翼地打开手里的两张纸，露出一只小鸟。鸟的头部仰着，似乎是脖颈受伤，以至趴不下去，只能肚皮朝上。我判断小鸟受伤不轻，但觉得束手无策。我对她们说，校长不是"鸟医"，实在没有良策。我给她们上了五分钟的生命课，由鸟说到人。中心意思是"生命是个过程""要理解生老病死是不可违逆的自然现象"之类。可看着她们忧伤、失望的眼神，我就不忍心说出那个结果，更不忍心让她们将小鸟扔到一边。我说："不过，我有个建议，先将它放在草丛里，说不定等会儿它就飞起来了。有些病是可以不治自愈的。不打扰就是最好的'治疗'。"她们说："好。"我说："就放到三角梅的花丛中。"她们觉得花台太高，小鸟会蹦跶摔下来再次受伤。我说："那就放到国际部的草坪上。"

看着她们依依不舍，我说："这样吧，你们就放心地将它交给我，我等会儿一定再来看看。我会想办法的。"我当时断定小鸟活不了一会儿。"花魂鸟魂总难留，鸟自无言花自羞。"我不至于柔软到为了一只陌生的小鸟的死亡而忧伤，我打算等它死了就将其扔进花丛中。我估计放学的时候孩子们路过那里还会来看的。我只是不想让小鸟死在她们手里，不想让她们看到那个无法挽回的结局。我的遗憾主要不是帮不了小鸟而是帮不了那三个小鸟一样的女孩儿。一小时后我去看了一下，小鸟挪动了一点位置，情况如初。我给它换了一个更平坦的地方。一是让它更舒服些，二是不让那三位女生再看到它。到了教学楼，见到她们班主任，我让她转告三位女生，就说小鸟转危为安，已经远走高飞了。

我在中考考场的主考室，眼睛看着监控屏幕，脑子里始终浮现的是那两只比绿豆还小的黑眼睛。一小时后我带着一瓶纯净水又去看了一下，我想如果它还活着的话，在这个高温的午后，它最缺的可能是水。到了那里，我居然一眼没能找到它。环视了一下，发现它在一米外，腹部朝上，羽毛和枯草融为一体，一动不动，我给它喂了点水，它又扑腾了几下。两小时后，考试结束，我又去喂了点水，它依然如故。又一小时后，我带着瓶牛奶过去，给它喂了点牛奶，它居然飞起来了，但没飞多远又栽进草丛里，我只有再喂点牛奶，没别的招。天色渐晚，我全无良策，只好怏怏告别。不知它能否再飞起来。晚上8点回家前我和太太一起又去看了一下，境况没有好转。我又给它喂了点牛奶。为了防止蚂蚁咬它，我给它又换个位置。我想它很难活过这一夜。

这一夜，脑海里总是浮现那两只比绿豆还小的黑眼睛。

翌晨，我早早来到学校，到办公室放下包就匆匆赶过去。它居然还活着！这几乎大出我的所料。我本准备去致哀的，然后就此放下。我低头吹去它身上的小蚂蚁，又给它换个地方。我想找个花篮一类的东西，把它吊起来悬在半空，让它免受蚂蚁的袭扰，但一时又找不到花篮一类的东西。几乎是一筹莫展。在食堂吃早饭的时候，我想过要不要给它带点小米粥，但又觉得没法喂，还是决定等会儿去喂牛奶。在主考室，我脑子里还是那两只比绿豆还小的黑眼睛。我一时走不开，又一直想找一个万全之策。我不由自主地问在场的同事，有没有哪位懂得护理小鸟的，他们说生物实验室的张佳玲老师也许有办法，因为她在实验室养了鸟。我让四梅老师帮我问一下。过一会儿四梅说佳玲也不会，说甘利芬老师有办法，她有救助野生动物的经历和经验，让利芬下课后来找我。

过了一会儿，利芬下课，我带她到小鸟存身处。一路上我脑海里顽固地认为它已魂归来处，毕竟又过了两个多小时。这次，我一眼就看到一动不动的它。走近，它又扑腾一下。还活着！我让利芬等着，我先上楼到办公室拿一盒牛奶、几张餐巾纸，再看看有没有能托住它的东西。匆忙中拿起一只崭新洁白的口罩，权作它的摇篮。利芬用这只口罩和餐巾纸小心翼翼地捧走了它。

又过了一会儿，利芬发来一张图片，小鸟已被打理得干干净净。利芬留言："它的喙被咬伤，尾巴根有血块，伤口处都滴了一些碘伏。需要用滴管喂水和牛奶。"我回："给您找了个麻烦！尽人事听天命。"她："不麻烦。就是希望它能好起来。""学生的爱心，您的爱心，已经让小鸟脱离被其他生物伤害的危险了。我也查一查资料怎么能更好地照顾小鸟。"此刻，我的心情似乎轻松了许多。

结束此文时，距离孩子们将它交给我已51个小时。但愿能有奇迹发生！

（2020 年 7 月）

此时的温暖好如良药

　　早晨在盥洗室看了一段视频——国防大学的政委刘亚洲上将的教师节讲话《关于人文关怀》，我很是感动，眼泪几次夺眶而出。到办公室又看了一遍，接着就转到学校干部群里了。在群里还写了一句："我们要特别关心教师的健康，也要关心自己和家人的健康！"我打开笔记本，准备抄录刘将军的讲话。后在网络上找到了这个稿子，我编好文档再次发给了大家。

　　刘将军讲话的起因是国防大学青年教师徐如燕的英年早逝。这个讲话里的很多内容令我过耳不忘，这些话语我都有共鸣！

　　去年6月22日上午9点半多一点，两位在篮球场立定投篮的初三学生中的一位突然倒地不治，年仅15岁。9点29分，他还和同学出现在去篮球场的路边监控画面中，而120的电话拨打记录最早的一个是9点42分。13分钟内，打球、倒地、同学找老师、老师打120……9点50分校医到现场，9点54分120到现场，10点整，正在组织中考的我也到了现场。我是在听到救护车声音后主动打电话询问的，在没有得到确切诊断的情况下跑到了现场。医生当着我的面宣布孩子不治，我无法相信，坚决不同意放弃救治，他们只好再次抢救并在最快的时间内送到了医院。其实，结果在事情开始时就已经注定。真的无法相信，一个爱好文体活动生机勃勃的少年的生命就此画上了句号。2015年6月22日到今天，490天过去了，那沉痛的记忆依然不能从我心中抹去。看了刘将军的这段讲话，我意识到，用490天的时间我也未能翻过去那沉痛的一页，由此可见生命的重量和情感的价值。

490 天都无法平复一段情绪的另一个原因是，这一年多的时间里，我不仅感受到了同事失去亲人的痛苦，更直接经历了失去年轻同事的痛苦。2015年9月2日，同事克军到医院检查，被诊断为左丘脑胶质瘤，恶性，晚期。经过一年的苦斗，2016年9月3日下午，克军辞世，年仅34岁。他是独子。留下了年轻的妻子、两岁的女儿和老无所依的父母。一年里，同事、学生捐款近30万元，送去了温暖但没能留住他的生命。其实，在得知诊断结果的那一刻我就知道这一天不会太远。能拖一年便是奇迹。

离开学校四个多月的克军一直想回学校看看。经过多轮放疗，他的身体已经很虚弱。2016年1月19日，他回到了学校。下午，他们夫妇在我办公室坐了一段时间，我说了很多宽慰的话，并且约定年后让他回校带一点课慢慢调理。其实我心里很担心他过不了春节。送别后，我悲从中来，无法抑制。到亦乐园上种了一棵雪松后稍稍平复。晚上辗转反侧一夜无眠。第二天阴雨，气温下降，晚上洗澡时我觉得有点头晕，刷牙时感到舌根发紧，赶忙躺到床上。1月21日早晨，在寒风中的公交站上等了近半小时，寒冷及焦虑在我身心中埋下了不舒服。一上午也是在忙碌和焦虑中度过的，没有得到片刻的休息。中午在食堂吃饭时，平生第一次出现了心脏不适的感觉。虽经医院全面检查认为没有什么问题，但不适感一直伴随至今。十个月来，十数次到医院就诊，一直在服药，但忧虑和压力并未全部祛除。在这个过程中，我也充分体会到了医疗和医生的局限性，更深刻地理解了"几乎所有的病都不是治好的"那句话。所谓"偶尔是治愈，常常去帮助，总是在安慰"。做到这些便是好医生。1月21日中午的那阵恐慌，让我对生命有了新的理解。我不相信见到克军后的悲伤引发了我的不适，我相信这是一种巧合。但由此我更进一步地认为，我对同事健康的任何关注关心都不为过。一个人如果漠视师生的健康，这个人是不能做校长的。

今年国庆节后上班，我听说同事陈老师身体有恙，便有点惴惴不安放心不下。后在路上遇到两次，他都说无大碍，我就轻松些。9号是周日，我在办公室。上午9点多钟，他太太赵老师给我留言，问我是否在办公室，她有点事想麻烦我一下。我说"在"，心中便又是一紧。过了十分钟，她到了我的办公室，果然是陈老师的身体问题。原来在治疗检查的过程中发现了另外一个病灶，而陈老师本人尚不知道。赵老师有些茫然无措。我立即给医生打了个电话，医生对初判非常肯定，但也认为不一定是很大的问题。我就建议她周一陪陈老师到大一点的医院就诊，没必要拖。我给医院的一个朋友打了个电话，朋友立即帮他们预约了医生、病床和检查安排。在住院的一周里我去了两次，中间几经曲折，我也及时帮助联络，并与主治医生和科室主任交流。那几天，我的心脏起伏似乎也是身不由己。最后的结果颇令我欣慰，专家会诊认为不是什么太大问题，保守治疗，进一步观察即可。其间，陈老师数次要回学校上课。在转院的半天里他还回到学校批改作业。我实在不知道说什么好！

我之所以要忙前忙后，是觉得他们夫妇在异乡举目无亲，同事不帮谁帮？附中的老师大多处于这种境地，包括我本人。赵老师三番五次感谢说校长动用了私人关系帮忙，让他们不知道如何感谢是好。我说，九年以前我没有来过福建，在福建不认识一个人。我今天在福建的所有熟人和朋友都是附中的熟人和朋友，我是校长，我不出面谁出面呢？所以，我所做的统统是职责所在，不必言谢。类似的事我经常做，但从来没觉得自己做了什么了不得的事。在陈老师情绪有些低落的时候我安慰他，一点也不要担心，今天的附中已经是一所大学校。200多个同事一起帮你扛，有什么扛不过去？我的少年时代一直生活在父亲患癌症的阴影中，我有一段时间经常出入于省立医院的肿瘤病房，我能深刻地体会到什么叫无助，什么叫温暖。我19岁便没了父亲，从此对身体健康便异常敏感。所以，我在做校长后碰到有同事做手术的时候，都会安排一些人到医院守候、帮忙，不让家属忙前忙后。平时没事可以冷淡点，这个时候的温暖好如良药。我在得知同事杨老师的姐姐在妇幼保健院工作后，年青教师生孩子的事便经常麻烦她，我说，代我谢谢你姐！我邀请她到附中做客，我私人请她吃饭，感谢她帮了我。我还开玩笑地说，难怪你威信比我高，原来你一直在做好事呢！其实，医院就是医院，是能不去就尽量少去的地方。生孩子尚且如此，何况生病？

"有奶便是娘"，这是一句口头禅，说的是见利忘义的行为。然而，心理学家研究表明，幼猴对母猴的依恋，并不仅仅因为母猴有奶，更重要的是它提供了柔软、温暖和安全。一所学校，只有为师生提供了柔软、温暖和安全，大家才能找到家的感觉，才会产生依恋。看完那段刘将军讲话的视频，我脑海里涌现的第一个念头就是：期中考试后别搞质量分析了！冷静下来后想：即使搞质量分析，也要坚决落实不亮分、不排名的决定。我们何必将自己搞得那么累？在学校管理中，我们有许多可以改善的地方。

我一直不太相信"累病"的说法。我觉得饿其体肤劳其筋骨没什么大不了，关键要保持心情愉快。刘将军说："要创造和谐舒心的生活工作环境，让每一个中青年干部在我们的集体中过得开心快乐。"我觉得，营造这样的环境是我们大家共同的责任。美国社会心理学家费斯汀格有一个著名的理论，即"费斯汀格法则"：生活中的 10% 由发生在你身上的事情组成，而另外的 90% 则由你对所发生的事情如何反应决定。你控制不了前面的 10%，但完全可以通过你的心态与行为决定剩余的 90%。我们每个人都要做生活艺术家，生活才是一门魅力无穷的艺术。著名学者汤用彤的父亲汤霖给他的题词是："事不避难，义不逃责，素位而行，随适而安。"此言得之。

（2016 年 11 月）

校长不过是搬凳子的人

　　昨天中午在考勤机上考勤的时候，再次被站在我身后的一位年轻教师问道："校长，您的考勤号怎么会是 121 号？谁是我们学校的第 1 号？"我说："我也记不得谁是第 1 号。至于我为什么是 121 号这里有故事。"

　　附中开办伊始即明确实行坐班制，但大体还属于弹性坐班制，迟到、早退、零星假有统计但不扣钱。坐班制实乃不得已而为之。但开办第一年我们没有规定特别的考勤措施，因为全体教师住在一区（珊瑚苑和紫薇苑），距离学校十公里。管委会调拨了一辆老旧的丰田考斯特用于接送教师。大家同来同往，而且因为交通不便，中途想走也不容易，所以用不着考勤。都在眼皮底下，大家也很自觉。有事打个招呼，同事帮个忙顶个岗，影响也不大。第二年增加到三个年级，教师 65 人，只好请年级负责人负责签到考勤。第三年增加到五个年级，教师 122 人。年段长觉得考勤有压力，因为不自觉的人多了，不好管，于是决定用指纹考勤机。考勤机安装好后，我看办公室一直不通知我去录入指纹就主动问他们，他们说其他各单位领导都不考勤。这种情况我还是第一次听说。我说还有领导不用考勤的？于是他们给我录入了指纹，排在第 121 号，副校长排在最后的 122 号。

　　我自己也认为我应该是 1 号，不仅因为是校长，而且因为我是附中的第一位教师，但居然排在第 121 号。如果我不坚持，连 121 号也不会有。正是因为还要考勤，所以我就没有底气说附中是一流学校，因为很多"牛人"都说一流的学校不需要考勤。

可能很少有人会相信，在办公用房比较充裕并建有550间学生宿舍的附中，我这个校长还没有可用于午休的一张床。我曾经开玩笑地让朋友猜，他们大都猜我躺在沙发上小憩。其实，主要是因为我的腰椎有点问题，沙发长度不够，窝在里面受不了；另外，这张三人沙发还得留给夫人。调到附中以来，她中午也没有回家休息过。早晨陪我来，晚上陪我回，她可能是一年里在校时间最长的普通老师之一。老教师，不好意思在多人共处的办公室里铺床叠被，中午只好在我办公室里蹭一会儿。至于我是怎么休息的现在可以揭开谜底了：来附中最初几年，我中午一直不休息，偶尔犯困了就在椅子上靠一会儿。腰椎病犯过后中午不躺会儿下午就坐不住。那之后，中午我就躺在茶几上。茶几长度不够，就用一张椅子接上。七年来，如果要休息，我就在这张"两接头"的"床"上躺一会儿。

建校那会儿，因为校长室设计的面积比较大，有人建议建个休息室，我没有同意。在学校工作，校长太特殊不好。教师特别是中小学教师这个群体比较敏感。后来证明这点算是先见之明。规范办公用房对我影响不大，调换一间即可，没什么不适应的。其实，谁如果不怕我干扰他工作，我随时欢迎他和我共处一室。校长不是地下工作者，没什么秘密担心别人知道。我也曾呼吁建个教师公寓，因为教师居住比较分散，午休和晚自习休息都很不方便，但没有被采纳。想借国际部建设之机暂时解决午休问题，看来也是遥遥无期。这两年在全力推进书吧建设，借机给老师们搞个午休的地方，能不能搞成还不一定。从一个小人物的视角看，中华民族要进步难度非常大。明明能做得更好的事，你就是使出浑身解数也只好望而却步。从这个角度而言，附中能建成今天这个样子算是个奇迹。没有一刻不需要进行"伟大斗争"。接待室建了十年，劣质沙发至今熏得人坐不进去；有间副校长室的家具放进去三年，至今一开门还满走廊的甲醛味儿。程序合法，后果却没有人负责。不是我过于悲观，我实在是乐观不起来。现在看来，我也只好向同事们抱歉了。我能做的还是那八个字：力行垂范，共苦共情。所以，我只有躺在茶几上午休的权利！

昨天在朋友圈中看到一幅截图，突然意识到"以校为家"还是挺有风险的一件事。这幅截图的内容是某地纪委检查教育局和两所学校领导办公室的情况通报。他们在相关人员的办公室内有许多"伟大发现"：（1）发现其抽屉内有两包香烟，文件柜内有小说等与工作无关的书籍。（2）有一些散文、小说、时事等与工作无关的书籍。（3）发现一些咖啡和零食。刚刚午饭前从镇西老师的朋友圈里看到完整版，发现还有"盆栽超过两盆"等情况的通报。对照发现，我办公室里有药品，包括应急救命的丹参滴丸和硝酸甘油；也有一箱牛奶、半袋饼干（已放数月）和两小盒枸杞；还有剃须刀、毛巾和胶鞋；自然还有一个枕头和两床薄被。至于书籍，我实在分辨不清什么与工作有关什么与工作无关。反正我自己认为有关的，都是我自己花钱买的，也许恰是无关的；我认为关系不大的大多是免费发放的，可能正是有关的。我长年从早晨6点多到晚上8点多甚至更晚生活在学校里，如果说家是一个人待的时间最长的地方，那么学校确实成了我的"家"，现在突然发现有点不对了。甚至写这篇文章，虽说是"校园故事"，但因为不能确认与工作有关，我也只好选择中午来写。当然，我承认，我用了公家的电脑和电。当然，我不用，电脑也是那么开着。而我的更大责任在于这种情况在附中比较普遍。我办公室里无盆栽，我没有这份闲心；但老师办公室里盆栽成"灾"，我的态度暧昧。——这一段似乎是题外话。

也有校长同行嘲笑我所谓的情怀，认为现在的人，你就是把命给了他，他也未必有一丝感动。我开玩笑地说，我也没有那么慷慨，在这个世界上，值得我拿命去搏的人和事不会太多。我之所以现在比较拼，无非是兴趣和责任。没有谁逼我去拼命，我也没那么容易上当。我太太对我说，善良的人不容易察觉别人的居心。她说："你就是太善良，所以容易上当。"我说，所谓善良，无非凡事多替别人着想而已。我也没有弱智到察觉不出所有不良者的居心，只是我做人的准则是"宁可上一当，也不无端猜疑别人"罢了。有些人的小伎俩我一眼即可洞穿，无奈我又信奉"最好的修养是不让人难堪"，所以又每每让其得逞。当然，我承认，一路走来，确实被不少人欺骗。但我并不后悔，因为彼时彼地我只能那么做。

有导游说他们最不愿意带的团队是教师，我听着虽然不受用，但我相信这话是真话。这也正是当前中国教育最大的问题。我这里不想仔细分析。其实加强教师队伍建设哪里用得着整一万字的《意见》，也不需要专家们连篇累牍地辛苦解读，就是抓住"成为人们羡慕的职业"这个关键点就行。众人羡慕，就有了竞争基础，优胜劣汰自然形成。如果知识分子都成了"精致的利己主义者"，"读书"越多"中毒"越深，处处算计，则我们的希望在哪里？虽说靠情怀招徕追随者于今很有些异想天开，但志同道合彼此相携共渡难关并非不可能。

如果教师心中不存善良，孩子就深陷地狱；如果教师心中缺少纯真，整个民族就垂垂老矣；如果教师心中缺少阳光，整个民族就笼罩在阴霾里。要相信比你更慎独更自律的人多得是，要相信好人就在身边，要相信身边的人就是你的得意春风。

清华校长梅贻琦说，与教授相比，校长并不重要，校长不过是率领职员给教授搬凳子椅子的人。这"搬凳子"其实就是服务。教授们不至于如此的四体不勤，"搬凳子"未必需要别人代劳，重要的是校长尊重教授治校的主体地位，要帮助教授解决那些比"搬凳子"要复杂得多的困难。我们提出："干部服务群众，行政服务教学，全校服务课堂，全员服务学生。"学校教育的根本是要服务学生健康成长，而要实现好这个根本任务，"校长"必须服务好教师，"行政"必须服务好教学。

在附中，同事们哪怕只是一个感冒，只要我知道，我一定会当面或留言问候。如果有同事需要住院，我一定想办法帮助联系；如果要动手术，我一定安排人去张罗；如果时间许可，我一定守在手术室外面。有几次，做手术的同事就是我和其他同事一起将他从手术推车抱到病床上去的。雪中送炭会使温暖感倍增。

校长的专业性不仅体现在办学思想、执行能力和人格魅力上，还体现在要用一辈子的倾情投入来践行校长的使命。"搬凳子"要无怨无悔。校长必须要有牺牲精神，甚至要牺牲自己多年建立起来的学科专业声望。校长服务学校的最主要途径是服务教师成长。只有幸福的教师才能培养出快乐的学生。

（2018 年 4 月）

离学生近一点再近一点

昨晚 10 点，我收到 2020 届考入复旦大学的蔡奕恒同学发来的微信："校长好！刚刚坐在宿舍椅子上，突然望见被我闲置在桌角的毕业照，不禁思绪飘然。加之夜跑刚回寝室，领略了一番复旦夜景，想起了高三晚自习结束后路上的点点滴滴。特此想麻烦一下姚校长，能否发几张附中夜景解解我的眼瘾（如果校长在忙的话就不麻烦了）。"我在福州市连江县参加教育厅举办的校长培训，正在修改一个稿子。我回复："奕恒好！我在福州培训，手机里没有照片。"一周前我刚将手机里的两千张照片转移到电脑里。他回复："啊，没事儿的。""对了，前几天晚上在食堂自习时偶然遇到了郑凌峰学长。有种'老乡见老乡，两眼泪汪汪'的感觉。我就怕突然打扰您，会不会造成您的不便。那我只好靠想象了。谢谢校长！"我回复："不会打扰。"没想到他还认识凌峰。凌峰是 2016 届学生，早他四届，今年刚由清华本科毕业后保研至复旦。

后来我想起同事叶欣欣老师有个公众号"影像里的附中"，然后就将其中的《厦大附中有什么》《附中的星空》两篇文章转给他了。他回："咦，这是新的公众号？我竟然没关注！谢谢校长的推荐！"他随即关注了这个公众号，然后回复我："满满都是回忆。"我又想起头天晚上 11 点值班同事发在群里的高三学生下晚自习的图片，便下载转发给他。他回："仿佛又回到了从前。""感觉大学生活没有附中那样的亲切。"我回："各有特色。复旦！"我在复旦后面竖起了"大拇指"。他回："还是附中够味。"我回："常回来！"他回："一定！""能到这里也归功于附中的培养。"我回："走进附中就是为了更好地离开附中。这就是人生！附中以你们为荣！"他回："谢谢校长！真的很感谢！我这几天一直向大学同学安利我们附中，有些同学表示十分羡慕，顿时有了自豪感。"我回："学生爱附中，让附中老师很自豪。其他学校老师也羡慕我们，羡慕我们有你们！"他回："我现在有两个身份，一个是复旦人，另一个便是附中人。一辈子都不会忘记。"然后他又拍了张放在书桌边的毕业照给我，又回复："我先不打扰校长了，校长早点休息。"我回了个"握手"表情。

后来我将这段对话截屏发了个朋友圈，写了两句话："这段师生对话刚刚发生，看了您会觉得做老师是幸福的！"有很多朋友点赞。有位朋友留言："校长如此平易近学生，典范！"

我无意做"典范"，我不必承担如此重大的责任，但我承认"教师生活在学生中"是我提倡的。这个理念同"教育无非服务""办学生喜欢的学校""做幸福的平凡人"等办学理念一样，都是从厦大附中这个特殊的土壤里生长出来的。对于一所学生全寄宿的学校来说，教师不生活在学生中显然是不行的。昨晚我很晚才睡下，一夜朦朦胧胧，脑海里始终回响一句话："离学生近一点再近一点！"

我在《教师生活在学生中》一文中说："当然，'生活在学生中'不能简单地理解为把老师圈在学校里。'生活在学生中'更强调师生互相关注、互相交流，这是这一理念的内涵和精神实质。如果流于形式，结果适得其反。"其实，我对所谓的办学理念的重要性一直持怀疑态度，虽然厦大附中的每一个举措背后都有理念支撑。这种怀疑源自我自认为的广大师生对理念的隔膜。我曾说过，校长的办学理念与某些个具体教师的教育教学行为之间相隔十万八千里。近在咫尺却远隔重山。说不准甚至让其嗤之以鼻。正所谓灵魂属于"两个世界"。至于学生，还有多少关心办学理念？所以，我觉得与学生近一点不难，即朝夕相处彼此熟悉；而更近一点，也即灵魂上沟通可能不易。然而，最近一些年，我越来越觉得在厦大附中我可以和学生走得很近。这让我想起开学后不久李锐进同学给我写的信。

亲爱的姚校长：

您好！

我是2020届高三8班毕业生李锐进，就是跳蚤市场有幸得到您新书的那位同学。在此再次表达我内心诚挚的谢意，我很喜欢这本书！

其实，我每次见您都是叫"老师"。相比于"校长"，我更喜欢叫您"老师"。在这三年中，虽然您没有给我讲过课，但是却教给我很多，包括您的演讲，您的四本书（我是您的小书迷）。特别是您的书！我太喜欢您讲的故事和道理了！我不怎么看课外书，但是在图书馆借得最多的就是您的书了。特别上头！我每次看都很有感觉，很感动，也更加深入地了解附中文化，还有诗意地栖居以及附中的办学理念，归属感也越强，越发觉得自己很幸运来到附中，也感到很幸福，在这里学习了三年。

记得高一军训第一天，我和舍友一起坐在食堂吃午餐，吃着吃着您端着餐盘过来坐下与我们一起吃。我在想，这是哪位老师？然后您关心地问了我们几句。吃完的时候，舍友居然和您握了手！然后说"校长好"……我惊呆了！这个本校初中毕业的家伙居然没提醒我！我完全没想到开学第一天就和校长共进午餐了！我的小学和初中毕业照上的校长我都指不出是哪个，更没有说过一句话。而如今，我最大的吹嘘资本就是附中和您这位校长了。每每说起附中和您，外校的朋友都羡慕得不行。哈哈！在我的印象中，确实如您书中所说，"有本事"的校长都是神龙见首不见尾的，各种出差，不在校内。您更像是个爱多管"闲事"的可爱老头。所以，我更喜欢叫您老师。

我曾经在傍晚的操场问您平凡和平庸的区别，当时您的阐释和鼓励极大地鼓舞了我，让我感觉很温暖。后来我也在您的书中看到了您当时所说的思想。

高三最后的跳蚤市场的"一个承诺"活动我酝酿了很久。从上届跳蚤市场便开始了。原本打算去找学生会组织一次年段性的，甚至心里想着如果成功是不是可以成为附中的一种文化。但是因为没有认识的学生会同学以及小小的不自信，就想着要不自己弄吧。其间还是有点犹豫的，毕竟有点耗费精力，又怕没人拿教辅材料等书籍，太打击人了。最后，我还是想试一下，毕竟在附中三年，附中教我不要做精致的利己主义者，要为别人考虑。如果我的行为能让学弟学妹感觉在附中更加温暖更加幸福，那我也算为母校做了些贡献了。最后的结果让我很高兴，也没有遗憾，收获了23份承诺及学弟学妹的祝福和支持，还意外获得了您的亲笔签名书，那天真的体会了一把发自内心的愉悦和快乐！我学会了很多东西，得到您的肯定，增强自信，缓解了我的备考压力，真心感谢您！

高中三年和您相处最多的便是每日跑操啦！看着夕阳下，您那匀速的一圈圈，旁边有很多同学陪着，还有足球场上的身影……我就觉得挺有诗意的。有一次，看着您的背影，我突然有了一个古怪的念头：如果我这个时候突然倒地，心脏骤停，校长在那儿，他能救我吗？我想了想，不能。他应该会马上叫校医然后打120，送我去医院，应该不会在黄金救援时间内对我进行心肺复苏，周边同学可能更加无能为力。之所以产生这样的想法，是那时候在学校的《新闻周刊》中看到了一个非常强壮的年轻男子在路上跑步时突然倒地，正好有个医生路过，马上对他进行心肺复苏才保住性命。

2017年，我在微博上看到了一个名为《高中生机智挽救窒息同学，快来学海姆立克急救法》的视频，里面发生的事情就在学校食堂，那个同学就是用学校教的办法救了自己的同学。这是我最早意识到急救的重要性。后来我在高一英语课的前三分钟演讲的时候和同学们分享这个视频，并且一起学习了这个方法。我和他们开玩笑说，我和你们讲这个是希望日后你们能救我一命，我这是在自救呢！后来高三时一个同学在我生日那天给我留言："海姆立克是吧，我记住了，放心！"我当时很开心，因为他们学会了可能会在某一天救了噎住的我，还可以教给别人，可能救了日后的自己！

所以我那时候就在想，能不能让学校多加一门这种课，和游泳课一样，虽然可能这项技能一辈子都用不上，但是哪怕任何一个学过的人一辈子只用上了一次，救了一个人，那就有存在的意义！

张凯老师曾经开过一次讲座，讲游泳急救知识，甚至带了个人体模型，现场的同学上去模拟施救。那时候感觉安全课第一次上得这么有趣。

因为附中有好多其他学校没有的课，所以，我想，是不是可以建议多一门急救课，作为一门选修课，通过播放视频、亲身操作模型等方式，来学习一些简单的急救术。最好能让每个同学都用人体模型学会心肺复苏术。就像您期待的，每个附中出去的学生都会游泳一样，每个人都会一项急救术，或许会在以后的某个时候拯救一条生命。

国内许多地方的城市和高校已经加大对于群众急救知识的科普和培训，我们附中是否也可以考虑开设一门这种特色课程呢？

真心感谢校长您教我的一些做人的道理，一些很根本的东西。附中教会我如何感受生活中的诗意，我在附中时常能一个人戴上耳机在某个角度感受到内心的宁静和美好的诗意。毕业之后，我觉得我对于生活能更加敏感地感受到那一缕诗意，更加感受到平凡生活的幸福！

谢谢校长！我爱附中！

祝身体健康！

李锐进

2020 年 9 月

在附中，锐进不算我最熟悉的学生，尽管他是我太太班上的学生。他提到的事，譬如军训第一顿午餐我们同桌，我已经记不得了。因为我经常和学生同桌吃饭。如果是我主动坐在他们身边，我一般都要半开玩笑地征询"会不会影响你们就餐的舒适度"，在听到"不会""很荣幸"后才会坐下。所以，我没办法记住那些食堂里的"同桌"。我从锐进这封信里读懂了学生对我的理解，高兴之余有些自责，我曾经看低了他们。其实，看看2016届学生林怡滢、郑凌峰为我的《让教育带着温度落地》一书所作的序《教育信念温暖理想之花》《西西弗斯的执著》就能看出，我们师生间的灵魂是近乎一体的。你从他们的文字里能找到那些属于附中灵魂层面的东西。

　　他提到我赠给他书的事是离得最近的一件事。高考前夕，学生会组织了一次跳蚤市场活动，有很多同学在精心准备这场经营活动，也有不少同学将自己不用的物品拿来交易。锐进同学别出心裁，将自己的书和一部分不再使用的教辅材料拿来"出售"，价格是"一份承诺"。只要承诺使用好那本书，书就无偿奉送。高考在即，锐进不在现场，是委托学弟代办的。现场颇为火爆。学生活动，只要我能抽开身我都要去看。跳蚤市场都安排在周日下午，我几乎没有缺席过，一般也要掏钱买个东西以示支持，而且我一般会多掏一点钱以示赞赏。那天下午，我看到活动组织有序，便在抽奖处拿出五本我刚出版的《教育无非服务》的样书作为奖品，另送一本给锐进。我给锐进的题字是："学校因学生而存在，附中因你们而精彩。"

　　走到学生的身边不难，走进学生的心里不易！

　　同是2020届毕业生的戴卓颖在给我的信中说："十分感谢您在学习生活中对我的关心和鼓励！我的成绩也离不开您和母校对我的引导。背面（信卡的背面是卓颖自己画的画——姚注）赠一幅小画，想表达2014年～2020年六年间附中的兼容并包、开放多彩的风气给我的感受。社团活动训练了我的能力；丰富的比赛刷新了我对自己的认知，让我看到自己在设计方面的可能性；各种选修课开拓了我的眼界；来自老师的关心和帮助也让我避免了像其他美术生那样受到误解的窘境……何其有幸遇到您，遇到附中！踏出校园定当自强不息，不负心中的桃花源！"卓颖初二时参加了学校首届"亦乐之星"logo

设计比赛获得一等奖，她的作品被确定为比赛 logo，至今使用。这次活动点燃了她的艺术梦。经过四年的不懈努力，今年她以优异的成绩考入清华大学美术学院设计学专业。她所说的避免了其他美术生的"窘境"就是她得到了老师的理解和支持。只有理解、支持学生才谈得上走近学生进而走进学生的心里。

前几天，我太太收到 2020 届林菲玥（化名）同学的留言："余老师您好，我是林菲玥。高考结束已经两个多月了，其实我一直想给您发个短信，但是我真的不好意思，不知道怎么开口。我觉得我的高考成绩，真的很对不起附中那些老师对我的帮助、包容和鼓励。所以我一直想先好好努力，等到研究生考个好的大学，再给你们报喜。但是通过这两个多月的兼职学习等活动，我收获了很多很多的东西，现在对于学习的态度已经完全改变了。虽然改变得有些迟了，但终究是好的。所以我想先给您发一条短信，表示一下对您的感谢，也请您代我向姚校长问好。我知道你们曾经对我的期待和帮助，我会好好努力的，谢谢你们！能在附中遇见那么多跟你们一样好的老师，是我人生最大的幸运。谢谢你们！"菲玥高一时是我太太余老师班里的学生，三年里余老师一直很关注关心她。就在高三开学的第一天，刚到校的菲玥就要回家，并且因此和父母大吵一架。我及时找到她，对她说，想放弃后面随时都可以，但现在放弃了后面就没有机会了。段长在东门外苦劝她一小时，总算给她劝回来。高三一年，我和她面对面交流至少十次。

就学业能力而言，厦大附中的学生都可以考上一本高校，那些未能如愿的都是因为扛不住压力选择了放弃。只要自己不抛弃不放弃最后都能考上比较理想的学校。菲玥如果选择了放弃，她基本就失去了挽回的机会。类似的同学何止一人！在家长都无能为力的时候，我们老师必须走近学生，更要走进他的心里。

还是 2020 届的毕业生林歌（化名），他在给我的长达七页纸的亲笔信的最后说："我感谢在我目前为止最艰难的时光遇见附中，遇见姚校长及其他恩师、同学。也庆幸能将自己的青春年华献给厦大附中，也献给自己。""相逢是首歌，歌手是你和我"，同行也是你和我。既然同行，何不相互走近！

离学生近一点再近一点——我时刻在提醒自己。

（2020 年 9 月）

秋高气爽何不开门上课

今天上午第一节课在录播教室听了一堂八年级物理课《牛顿第一定律》，深感惯性乃天下第一力量。我怀疑自己患有录播教室听课恐惧症，一到录播教室心里就烦。无奈各教研组安排的研究课大都开在这里，所以这学期已经在录播教室听了 15 节课。今天早晨一进录播教室我就"特地"开门开窗，但上课老师很快"特地"将门关上了。我看见好几位同学都以纸当扇，我也有点憋闷，但好在我身边的窗户被我打开了。在录播教室上课要坐"闷罐车"，但没人想改变。这也是惯性，这节课的重要内容之一。

这两年，录播教室成了学校标配。装配一套录播教室，少则四五十万，多则上百万。估计全国为此投资过千亿。所谓录播教室，顾名思义就是实时录像播放，可以通过网络实时观看老师上课。我将其定位为教师自我诊断课堂教学情况之用。偶尔录一节自己的课，自己揣摩研究，哪怕听听自己是怎么说话的，一定会发现不少意想不到的问题，对自我提高有帮助。所以，我认为它的最重要功能是录像。没有几个人会在线观课的。而真正要拿去参赛的录像课，是无法在这种教室毕其功于一役的。

我们学校在开办第一年的 2008 年就建了一间录播教室，是上课教室和听课教室合二为一的那种，同时又合并了计算机教室的功能，且因为录像镜头少，操控不方便等原因，用来录课的时候很少，基本就成了专门的计算机教室。2016 年又建了新的录播教室，上课教室和观课教室是分设的。上课师生在一间教室，听课教师在另一间教室，中间隔着一堵玻璃墙，听课室基本能看清上课室，上课室基本看不清听课室。上课室里的总体状况主要靠两台面积不算大的屏幕来观看，呈现什么样的画面就靠那几台自动摄像机。它给你什么镜头你就看什么画面。好似电视台的导播间一样。

大家天然地认为，既然要录播，那就得保持绝对的安静，闲杂人等一律回避。一上课两个教室都密不透风。听课室往往既拉窗帘又不开灯，昏暗一片。上课室里因为十来个拾音器都装在吊顶上，空调也是吸顶的，风量大的时候，风声经过扩音器发出震耳的声音，音响效果不佳。因为没有专人服务，基本都是自助，所以很难将各类设备包括空调在内调试到最佳状态。秋天时，开空调易着凉，不开又憋闷，特别是朝阳高照的时候。要知道，电视台正襟危坐的主播，能看到的上身西装革履，看不到的下身可能是短裤和拖鞋，哪里比得上放牛娃惬意。我常坐在那里遐想，学生会不会自问：是不是有种课就得憋着气上？

我总体感觉，在录播教室听课、观课常一无所获而且异常疲倦。因此，我只要去听课，第一句问要不要录像，第二句问录给谁看。如果答复是不录像或者录给自己看，我就直接坐到上课教室。如果在听课室观课，我多半要拉开窗帘，开窗通风。不久前，我在教研群里建议："如果不录课，或者录课不送评，建议在录播教室上课时开窗通风（夏天可除外）。听课的人不多的时候，可以直接到上课教室听，也可以像以前一样到班级听。"今天下午数学组的组内公开课就安排在本班教室，大概是听了我的话。我觉得学校干部听课、观课还是要走进班级教室。也只有坐到教室才能做到眼观六路耳听八方，才能听得清楚看得仔细。

因为"一师一优课，一课一名师"活动的持续推动，多数老师特别是青年教师都有了录课自觉，但要说课堂风貌从此一变也未见得。似乎毛病还是那个毛病。这也许还是惯性难以改变的缘故。看过陶西平先生的一篇文章，题目是"技术可以放大杰出的教学，但是再伟大的技术也不能代替平庸的教学。"

深以为是。我甚至认为，对技术的膜拜和过度使用，将使我们失去教学。

上午第一节听完课后，我走过隔壁听课室，隔着窗户，我撩开窗帘，看着昏暗中的一众同事，不无玩笑地说：你们辛苦了！

曾点说："莫春者，春服既成。冠者五六人，童子六七人，浴乎沂，风乎舞雩，咏而归。"夫子喟然叹曰："吾与点也！"我也说："吾与点也！穿得漂漂亮亮跑到录播教室练'憋气功'岂不辜负了大好春光！"

秋高气爽何不开门上课！

（2018 年 10 月）

让文学馆成为学生梦想起航的地方

文学馆于昨天下午（10月30日）正式开馆。在一分钟不到的揭牌仪式结束后，我们在文学馆的阅览区为高二8班李昱圻同学举办了新书发布会。开学初，昱圻的旧体诗集《野马集》由东北师范大学出版社正式出版。9月16日，他签名送了我一本。当时我就计划着举办一个发布会，并且要将这个发布会和文学馆开馆结合起来。昨天的发布会，昱圻的父母、为《野马集》作序的厦门大学嘉庚学院中文系主任李建明教授、《闽南日报》的吴明晖主任等嘉宾和师生代表100余人参加。昱圻简要介绍了创作经过和感受，回答了师生代表的提问，要言不烦。昱圻的母亲、李建明教授、吴明晖主任先后从不同角度发言。时间安排得很紧凑，前后只有一小时，但我相信这是昱圻终生难忘的一小时，也是在场师生难忘的一小时。

发布会的最后，主持人林鹤韵老师邀请我总结，我没有总结，也不知道怎么总结，我只是漫谈了几句。那些话的核心意思之前已和昱圻单独交流过，昨天只不过是在特定场景换一个说法再说一遍，也说给在场的同学听听。

从现场的发言看，昱圻完全没有诗人的狂傲和怪异，字里行间都充满着理性。他对中国历史、文学、学术史都有较深入的研究，有自己的看法，还能用简练晓畅的语言表达出来。所以我说昱圻是一个成熟的写作者。写旧体诗，无论是古体还是近体，就今人而言，首先是技术问题。昱圻在技术上可谓炉火纯青。这并不是说创作中不需要推敲和锤炼，而是说他完全掌握了门径，可以凭自己的力量通行自如。我对昱圻说，我们不必以量取胜而要力求写出"好诗"。乾隆爷写了一万多首诗词我们知道几首？而且即便就量而言，《野马集》收录154首诗，在古往今来的诗人中已经不算少了。我手里有一本《毛泽东诗词全集赏读》，收录了153首，已是"全集"了。更何况古往今来的诗人有几人在十五六岁就出版诗集的？当然，但凡是"技术活"就得经常操练，不操练就手生，所以，灵感来了还是要写，但不要作为一个任务，要享受这个过程。

北大中文系有个口号是"中文系不培养作家"，但我想毕业于北大中文系的刘震云一定被其称为"卓越校友"。某种角度说，作家确实不是"经院"培养出来的。这说明成为作家首先不是个技术工。文字功底好可以写一手漂亮文章，但不一定能成为作家。"文章憎命达""国家不幸诗家幸"，说明作家真的是要"有生活""有真感悟"。"未经反思的人生（生活）不值得过"，于普通人而言显然是扯淡，于作家来说倒是真理。没有曹雪芹的命途多舛就不会有不朽的《红楼梦》。但作为老师，我一点也不希望自己的学生为了成为作家而"命途多舛"。我永远希望我的学生幸福快乐，然后还能在平顺的生活中获得不同凡响的精神濡染，还能分享幸福快乐，分享独到的有价值的人生感悟，让更多的人追求幸福快乐，让更多的人幸福快乐。我们首先得活着，然后才谈文学。所以，我希望昱圻认真生活且成为一个幸福快乐的诗人。

我完全理解昱圻父母担心其因创作而耽误学业。我不相信有人能做到创作与学业两不误。应试教育的核心是选拔和淘汰，它不是合格性教育，不到终点始终有变数，所以时间投入不存在足够的问题。多少时间投入进去都可以，正所谓"全身心"。但我又赞成昱圻牺牲一点学业成绩而去从事自己喜欢的事。孩子有点"爱好"非常可贵，正当与否需要我们家长、老师引导。在这么小的年龄能写出这么好的旧体诗，不付出一番艰苦努力是做不到的。"人无癖不可与交，以其无深情也。"而有这种"深情"何事做不成？人的某些素养存在关键形成期，过了这个时期就很难补，所以要顺其自然。昱圻和他的父母不要太过担心，更不要后悔。昱圻出版《野马集》就证明了他的"非同寻常"，我坚信未来必将证明他更加"非同寻常"。当然，我也想对昱圻说，自清朝灭亡以来，以旧体诗名世而被称为诗人的大约只有毛泽东，而毛泽东的职业又不是诗人。这其中的道理他一定明白。昱圻刚上高二，学习成绩很好，这次月考成绩班级第二名，应当立志考上一流大学。在现场我开玩笑地说，鹤韵老师是复旦大学毕业的，你至少得考个复旦。他点头笑笑。我经常说一句话，在遵循普遍价值观的前提下实现教育对人的起码尊重，没想到昱圻和他父母似乎都知道这句话。所以，更多的道理没有必要再讲。昱圻擅长旧体诗创作，根子在于喜欢古诗，热爱传统文化。他能背诵 2400 多首诗，识字过万，这都是我望尘莫及的。昱圻未来做什么有很多的选项，但大方向是非常明确的，所以他选修的是传统文科"政史地"。他能成就的事业很多，写旧体诗一定是锦上添花的业余"雅事"。

在文学馆举办这样小型论坛性质的发布会是最合适不过的事。我相信第二场论坛或发布会就在不久之后举行。建个馆不难，建个有人气的馆不易，建一个让许多人因此开始做梦、让日后的参天大树萌芽于此的文学馆则需要我们加倍努力。

在图书馆里建一个这样的馆中馆有两个直接原因。一是馆藏图书增加，原有的书库、资料室、阅览室已经装不下，而图书馆馆舍分隔太多，没有那么多的管理员，需要大空间，所以我们将四楼的三间房子打通成一间，便于管理。同样是由于管理员少，虽然一周只有周日上午闭馆，但不能保证所有书库、资料室、阅览室同时开放，所以我们将图书进行分类，分时开放。文学类书籍是馆藏书籍中最多的，足可以独立成馆，所以建一个文学馆是自然而然的选择。二是"校园写作，润泽生命"是我校重要的办学特色之一。学生在各大写作赛事中多次斩获头奖，每年公开发表的作品达二三百篇，已有七位同学出版了个人作品集，其中去年一年里出版了六部。写作离不开阅读，而最基础最大量的阅读和写作是文学阅读和写作，所以建一个这样借阅一体的文学馆也是必然的选择。

为什么要重视阅读与写作，这与我们的人才培养目标有关。在 2007 年 11 月通过专家评审的第一个发展规划中，我们规划的"学生发展目标"第四点是："在听、说、读、写、算等学习技能的各个领域，坚持较高的学术标准。充分重视校园写作，力求形成氛围和特色，促进学生具备突出的写作能力。有良好的外语基础。"如果还有人追问，我想，"夏虫不可语冰"，完全没有再讨论的必要。

如果说对文学馆有什么期待的话，我想就是要让文学馆成为学生梦想起航的地方。这个梦想远不只是文学梦。毫无疑问，只有少数人专职从事文学工作，但几乎所有的读书人终身离不开文学。"文学即人学"，文学阅读是启蒙阅读也是最广泛的阅读，从精神发育、人生擘画到指点江山、灵魂升腾皆倚之而成。文学记录了历史长河、风雨山川、人间百态和变幻莫测的心灵世界，因此，在学生时代，如果没有文学阅读，人的成长是不完善的，人生也会是苍白的。读书的姿态是最美的，阅读是最好的美容方式，这不仅指我们的内心因此得到充实，单就外表来看，安静读书，态若童稚，童真之气自然生成。婴儿没有不美的。"腹有诗书气自华"，阅读将使教育变得更高贵。让我们在文学天地里，做一个气定神闲、精神上气象万千灿烂辉煌的人。

文学成于小众但根于大众，我期待有更多的同学在课余时间勇敢地拿起笔来，抒写自己的生活。"只有写才会写。"有天生的写手，但更多的人靠后天习得写作能力。我们为什么要写作？首先源自实用主义。凡处在各行各业重要岗位上的人都离不开写作。所谓"立言"往往也是工作的需要。不说是立德之需，至少是立功之必需。举凡伟人，哪一个不是著作等身的。但是，我觉得最重要的是，写作特别是文学写作是自我对话的最好途径，是让生活艺术化的最便捷的方式。对话自己，对话心灵，可以纾解生存焦虑；而寻常生活即便如秋冬之旷野，但在摄影家的镜头中依然可以是美丽的，到了纸上，自然也可以成为魅力无穷的文字。不必说"未经审视的生活不值得过"这么哲学的话，但将平凡生活的真实体验写下来就可能有"诗意"。那些曾经感动过你的文字，经过岁月的淘洗依然会令你感动。也就是说，普通人照样可以书写出诗意人生。现在这个馆里藏有几乎所有公认的世界名著，但让我视为珍宝的是附中学生出版的七部著作以及发表的近千篇作品的报纸杂志。我坚信，这样的"馆藏珍宝"会越来越多的。

亲爱的同学们，当你身处天涯海角，在满天繁星下，附中文学馆进到了你的梦乡，那将是一件多美好的事！我相信一定会的。

（2019 年 10 月）

理性篇

科学的也是艺术的

要理性看待学校"换帅"

据报道，日前有家长在上海七宝外国语小学门口举起写有"请把吴校长还给我们"的标语牌。事情的起因是网传"七外开学之际闪电换帅，名校长'被下课'"，说的是年近八旬的吴瑞莲老校长卸任。从校方发布的信息看，吴校长卸任、新校长上任已有一个学期，此时发生"举牌"事件颇耐人寻味。家长无权决定学校校长的去留，在公共场合用聚众举牌的方式表达诉求，显然不妥。要表达愿望，可以通过合理合适的途径进行。

在现代学校中，家长"干预"学校事务难以避免，其中以"择师"最为常见，但通常是无谓之举。其实，好的教育一定是建立在师生互相信任、欣赏的基础上。所以，家长的明智之举是和学校、老师结成同盟，而非互相拆台。面对学校"换帅"，更应理性看待。

"一个好校长就是一所好学校"，这是在强调校长的重要性，但不意味着有一个"好校长"就一定能建成"好学校"，更不意味着校长一个人可以包打天下。由于当前中小学校长的专业化、专门化程度不高，校长大多是从课堂上走出来的优秀教师，遴选途径较为单一。然而，优秀教师不见得能成长为优秀校长，而优秀校长也不一定非得是最优秀的学科教师。校长的素质要求与普通老师的不尽相同，优秀校长眼下仍然是短缺的优质资源，因此才会受到家长们的格外重视。而类似的"换帅"风波，则给校长队伍建设提了个醒：校长专业化势在必行。

须知，好校长不是天生的，一定是与好学校同步成长的，与学校相互成就。好校长首先应该是好老师，是教育内行、教学能手，深得师生信任和社会好评。很多知名校长，都是在学校出现困难或遭遇发展瓶颈时被破格提拔赴任的，深耕多年才引领学校达到新高度。这当中，其个人能力和人格魅力是不可忽视的重要因素，但绝非唯一因素。一个值得注意的现象是，今天仍然活跃在教育一线或依然有很大影响力的知名校长，大多在上世纪80年代中后期至90年代中期走上校长岗位，并任职十年以上。为什么这一段时间造就了一批名校长？因为这是中国教育发生巨大变革的年代，正所谓时势造英雄。而他们的教育思想则是一个时代的教育印记。

因为校长的地位特殊，人们很容易得出"一个好校长就是一所好学校"的结论，也很容易用其职业生涯巅峰时的光环遮蔽其艰辛的成长历程，校长的个人作用不免被夸大。出于对名校长的尊重和价值肯定，从而进一步发挥其行业引领作用，一些地区出台了延长退休年龄的规定。特别是在实行校长职级制的上海，两年前，特级校长基本延长到65岁退休，个别的达到了70岁以上。应当说，这不是个好现象，对学校的可持续发展未必有利。

名校长的管理经验和教育思想是一笔宝贵的教育资源，要烛照更多的学校而非将其拘囿于某个校园。要基于校长专业化、职业化的要求，对名校长的职后生涯做科学的制度安排。一个具有崇高职业精神的校长固然不应当有"船到码头车到站"的懈怠思想，但从学校大局计，应客观看待自己的进退。毕竟，没有人不可以被替代，江山代有才人出，不必恋栈。当然，对年轻干部可以"扶上马送一程"，给其留足时间，这样更有利于学校教育事业的稳定过渡和传承。总之，学校"换帅"再自然不过，不妨理性视之。

（2016年9月）

给班主任减负比加薪更现实

开学前，几乎所有学校都会碰到一桩棘手的事：谁当班主任？近日又有多家媒体报道，中小学班主任工作量大、事情杂、责任重、心理压力大、待遇低，很多老师都不愿意接这个"烫手山芋"，有的地方甚至出现了"班主任荒"。有媒体发问：老师，你愿意当班主任吗？这问题问得滑稽。面临那么多的困难，谁还愿意当班主任呢！但班主任总得有人当，于是就少不了行政推动。最常见的做法是将担任班主任工作作为晋升职称的必要条件。有人提出质疑。笔者认为，将两者挂钩，既是职称评定题中应有之意，也是眼下保证工作顺利开展的无奈之举。

谁当班主任？这是个已经存在多年的"真问题"。真问题要真解决！要杜绝鸵鸟思维，要在经费投入和人员编制上出实招。

班主任工作的重要性无论怎么强调都不为过，班主任工作的辛劳无论怎么描述都不算夸张。教师的第一专业是师道。首先是教师，其次才是学科教师。育人重于教书，育人难于教书。做班主任免不了成天与学生和家长打交道，其劳心费力远非讲课做题可比。班主任不是特殊教师，要鼓励人人都当班主任。在中小学实施专职班主任制度不是好办法。2009年8月，教育部印发了《中小学班主任工作规定》（以下简称《规定》），强调"班主任是中小学的重要岗位，从事班主任工作是中小学教师的重要职责。教师担任班主任期间应将班主任工作作为主业。"班主任工作能力是教师专业能力的一部分，一个称职的教师就应当是一个称职的班主任。中小学教师的职业成就感、幸福感和荣誉感更多的是来自班主任工作。所以，在中小学教师专业职务评审时，将从事班主任以及相应工作作为"要件"是合理的。

《规定》中还有许多重要内容有待落实。其中就有"待遇保证"和"降低工作强度"的问题。其中第十四条是："班主任工作量按当地教师标准课时工作量的一半计入教师基本工作量。各地要合理安排班主任的课时工作量，确保班主任做好班级管理工作。"如果编制标准不调整，这条就落实不下去。1000万中小学教师起码有300万人同时担任班主任，怎么来调整他们的工作量？是再增加150万教师，还是大幅降低700万教师的待遇用以提高300万班主任的待遇？没有强有力的配套政策就只能是纸上谈兵。

《规定》第十五条是："班主任津贴纳入绩效工资管理。在绩效工资分配中要向班主任倾斜。对于班主任承担超课时工作量的，以超课时补贴发放班主任津贴。"实行绩效工资不过是改革了工资结构，总量上并没有显著增加。另外，"超课时津贴"哪里来？所以，这一条也形同虚设。要么"倾斜"的力度小，没意义；要么拆东墙补西墙，班主任待遇上去了，其他老师待遇下去了。只要用心办过学校的校长都知道，没有一支好的班主任队伍，学校是办不好的；但只有班主任在做学校的德育工作同样办不好学校。在大幅度提高班主任待遇遥遥无期且原有福利还有缩水的当下，将担任班主任工作与职称评定挂钩，可以在一定程度上激发教师从事班主任工作的积极性。

比较而言，笔者更赞成逐步落实"班主任工作量按当地教师标准课时工作量的一半计入教师基本工作量"这条。这需要增加15%的编制。当然，最终还是"钱"的问题，所以说要"逐步落实"。希望修改现有编制标准，同时，切实落实课程标准和课时计划，避免随意增加升学考试学科的课时量，提高教师编制利用率。用十年时间过渡到班主任只需担任任课教师一半的教学工作量的状态。这样，既可使班主任有更多的精力专心从事学生教育工作，也不致教师待遇过于悬殊。

30年前，班主任并不像今天这么辛苦。那时，班主任并不比其他任课老师更多地管事。今天，情况确实大变。单是手机、QQ、微信、电子邮箱、网络平台，就给今天的班主任增添了太多烦恼，更何况还有升学压力、安全压力！所以，无论从哪个角度看，给班主任"减负"也许比"加薪"更实惠更现实。

班主任谁来当？解决这个真问题的"真办法"就是增加投入，减轻负担！

（2016 年 10 月）

教育信息化要以师生为本

教育信息化要健康发展，应该以师生为本，不能脱离教育和学校实际，不能违背教育规律。

近日，有同事向我诉苦：被网络绑架了，快崩溃了。他不言我自明。最近一段时间，仅在某个网络平台上就有：2016 年省中小学生安全知识网络竞赛、全国中小学生水上交通安全知识暨防溺水知识网络竞赛、第二届全国中小学生地震科普知识网络竞赛三项赛事。此外，市安全教育平台上有专题教育、全国青少年普法网上有各种学生法治知识网络大赛。组织参赛都有红头文件，而且定期通报排名情况，甚至纳入绩效考核。有些竞赛要求"三个百分百完成"，即家长、学生、老师全体参加。遇到家长不理、家里没电脑或不会电脑的，班主任只能代劳。

这还没完。继续教育和各类培训要借助网络学习，要参与国家、省教育资源公共服务平台的活动，活跃度也要通报。近期启动的全国教师管理信息系统建设的工作，时间紧，任务重，学校和教师本人都很有压力。某平台不堪重负时常"瘫痪"，很多老师只能下半夜起床上传视频和课件，颇有怨言。

这类耗费大量时间的网络学习和知识竞赛，其良好的初衷毋庸置疑，但对教师专业能力和教育质量的提升到底有多大帮助？与教育信息化应有的内涵是否一致？

教育信息化要健康发展，应该以师生为本，不能脱离教育和学校实际，不能违背教育规律。要让信息化为教育现代化插上翅膀，不能让教育脱离立德树人的本质来迎合或印证技术主义的好奇心。信息化要促进"减负"，不能为用而用以至于"增负"。

教育信息化无论怎么发展，基础教育终归离不开人。立德树人不可能完全由机器和网络替代。中小学课堂不是电视大学，未经教师筛选和转化的网络资源基本是无效的课堂教育资源。网络时代，不是资源少而是资源太多太杂，衡量知识的多寡不在量的占有，甚至不在获取知识的能力，而在筛选知识的能力。教育信息化要研究其必要性，要提高精准度。不能让师生成为知识或信息的奴隶。

学校教育信息化不能被在线教育机构"绑架"。慕课初来时，有人预言传统学校将面临末日。据不完全统计，2014年以来，至少出现了100多个在线家教品牌。但教育是一个非常特殊的行业，烧钱不一定能换来流量和客户的忠诚。家长的目的非常明确，就是要提高孩子的学业成绩。今天，在线教育公司终于明白，不与学校"联姻"几乎寸步难行。某些教育行政部门之所以热衷于网络培训和竞赛，与在线教育公司的营销有关。很多项目都是这种第三方平台做的，连内容都是由商家提供的，质量参差不齐。如若监管不力，必致泛滥成灾。

教育信息化要分清轻重缓急，分步实施。建立统一的国家教育资源库是当务之急，但也绝非一夕之功。虽集举国之力攻坚何难不可克，但"量"与"质"毕竟是两回事。何况新的课程改革和高考改革刚刚启动，匆忙建立起来的资源库利用率未必高。同时，在基础设施投入上不可操之过急，要量力而行，逐步过渡，杜绝浪费。

（2016年10月）

专业化破解不了"班主任荒"

如何破解班主任荒？有人提出减负加薪，给班主任松绑；也有人指出，要通过班主任专业化来化解矛盾。近日，《人民教育》的微信公众号发文《我为什么不愿当班主任，其实并不是你想的那样》，文章在罗列班主任无比辛劳的事实后提出一个疑问：为班主任"减负加薪"能解决班主任荒吗？文章作者认为不能。文章写道："专业化或许是打开班主任荒的一扇门"，"建立班主任专业化培训体系，为教师走进教育的'百花深处'提供门径，才是真正为班主任'减负'。"其核心意思无非是通过更专业化的培训使班主任更会做班主任。通过减负加薪抑或提升专业化来缓解班主任荒哪个更现实？问一问班主任就清楚了。笔者认为，教师专业化不是万能的，专业化破解不了班主任荒。

教师专业化是指教师在整个职业生涯中，通过专门训练和终身学习，逐步习得教育专业的知识与技能并在教育专业实践中不断提高自身的从教素质，从而成为教育专业工作者的专业成长过程。专业化程度高低与其垄断性、排他性、熟练掌握的程度等因素有关。较之医生和工程技术人员等职业，教师的专业标准和专业范围不够清晰，专业属性相对较弱，入职门槛相对较低，因此专业化的路径模糊，效率不高。近年来，教师资格认定已面向全社会，也即未经严格的教师专业化训练仍有可能获得教师资格。说白一点，中小学教师是不是专业人员，理论上还有分歧，实践中还存在解释不清的现象。在此基础上谈班主任专业化脱离实际，而以专业化来减负则说明根本不了解班主任的工作现状。现实是，越是优秀的班主任工作负担越重。

从高校的专业设置来看，教育学、心理学之外并无班主任学。学科专业化是高等教育的应有内涵，因此，就获取知识以及知识的教学而言，教师是否经过高校训练通常是存在差异的。然而，"教师"的专业性，即使在师范院校也只体现在教育学、心理学两门课上，缺乏专业体系。教书育人自古一体，班主任从来就不是一个独立的专业。即使是高校辅导员，也没有一个人毕业于班主任或辅导员专业，终身从事班主任或辅导员工作的老师也不是很多。班主任可不可以专业化？从单纯的学科建设角度而言自然是可以的，但就工作性质和教育实际需要来说，班主任专业化、班主任专门化或职业化就是画蛇添足。班主任工作应当是中小学教师的职业组成和专业构成要素。班主任工作实践性很强，优秀班主任不是在书斋里培训出来的。几乎所有的优秀班主任同时又是优秀的学科教师。可见，班主任虽有一定的专业性，但这个专业性是包含在教师的专业性里面。在现代学校，基本不存在独立于知识传授之外的纯粹教化。每一位教师都应该是"班主任"。

从维护教师的专业性来说，班主任不宜过度专业化。如果每位任课老师教书育人并重，班主任就是一个"事务官"；也只有每位任课老师都是"班主任"，班主任才能减负。亚当·斯密在其代表作《国富论》中指出，劳动分工具有明显的优点。现在，工作被不断细分给越来越专业化的工作者，劳动生产率因此大幅度提升。但专业化分工在导致技术进步的同时，也在导致"通才"的消失。今天，我们正在步入一个"超级专业化"的时代。往往将过去由一人完成的工作进行更专业化的细分，交由多人完成。但其弊端也非常明显。譬如当工作被细分为一项项单调重复的小任务之后，它可能会变得枯燥乏味，甚至可能对从事这项工作的人员产生负面的心理影响。这给我们的启示是，在中小学，班主任专门化、职业化并非上策，其直接的后果是任课教师不再以育人为己任，这是背离教育的本质属性的。

教师专业化是必要的，而其中自应包含班主任工作能力的提升。但通过专业化来解决教育、教师中存在的众多问题是不现实的。要迎着困难来解决困难。解决班主任负担重、待遇低的问题，最简单的办法就是减负加薪。专业化实乃隔靴搔痒，甚至反而增加负担。

（2016 年 11 月）

回望传统方能拥有更多自信

近期,《中国教育报》发表"向教育传统致敬"系列评论,与读者"一起回望历史,放眼未来"。诚如"编者按"所言,"我国教育的优良传统夯实了中国优秀文化的基础,更是中华民族文化自信、文化认同、文化凝聚力的重要源泉。在社会快速发展的当下,教育传统不能被忽视更不能轻易舍弃,相反要做好守护与传承。"这一系列评论涉及尊师重教、师者传道、学为人师、师生关系、知行合一等优良教育传统的继承问题,让我们再一次感悟到教育传统的博大精深、不可磨灭的思想光辉和依然勃发的生命力。

显然,中华民族优良教育传统远不止这些内容。一组系列评论无法也不必包罗万象。其主要意图无非是重新唤起人们关于教育传统的文化自信。在复兴民族文化的大背景下,在当前教育言必苏格拉底、柏拉图、夸美纽斯、杜威、苏霍姆林斯基、佐藤学以及慕课、翻转课堂等舶来品的情况下,向中华民族优良教育传统致敬尤为必要。不可漠视脚下的大地,不能数典忘祖。弘扬优良教育传统需要坚定文化自信。

文化自信来自哪里?这就是中华优秀传统文化的现代价值和全球意义。

孔子是我们教师公认的祖师爷,被称为至圣先师。作为儒家经典,《论语》不仅是儒家思想的原典,也是我国最早的教育学著作。其对教育作用、教育目的、教育内容、教学方法、为师之道等方面均有表述。孔子大量的教育名言广为传播,至今为一般民众耳熟能详。譬如"性相近也,习相远也""有教无类""诲人不倦""修己安人""循循善诱""温故知新""因材施教",等等。经过现代教育学、心理学的阐发，儒家教育思想的内核与当代教育的核心理念重合度很高。甚至可以说，在教育和教学的核心元素上，今人其实是无"新"可创的。更多的只是在信息化时代进行的工具化解读。"创新"固然，但往往是表象的，不会改变学习和教育教学的根本规律。

自汉代"罢黜百家，独尊儒术"之后，在两千多年的中国封建社会中，基本上是以儒家思想为主体。儒家教育思想的基本哲学起点是天人合一、政教统一、文道结合、知行一致。譬如："天命之谓性，率性之谓道，修道之谓教。"概括阐述了天与人的关系以及人与教育的关系。在此基础上，张载提出"为天地立心，为生民立命，为往圣继绝学，为万世开太平"，把"天人合一"的思想提到了最高的理想境界。又如，《大学》中提出"三纲"（明明德、亲民、止于至善）、"八目"（格物、致知、诚意、正心、修身、齐家、治国、平天下）的教育理论体系，是对儒家政教关系最系统的阐明。凡此种种，不胜枚举。我们从中不难看出其与今之教育的源流关系。当然，对于传统文化从来都需要批判地继承。"天人合一"的思想对解决人我关系具有积极意义，但没有把自然作为独立对象来进行认识和探讨，这就影响了中国古代的自然科学未能得到独立的研究和发展。这需要我们予以扬弃。

在家庭教育日益受到重视的今天，教育传统中关于"家教"的思想给今人很多启发。中国有优良的家教传统和丰富的家教经验，如主张"教儿婴孩""养正于蒙"，都是从家教开始的。《周易》有"蒙以养正，圣功也"的记载，成为后世重家教的指南。自北齐颜之推的《颜氏家训》始，出现了《袁氏世范》《家范》《家诫要言》《治家格言》等专著。至于有关家教的言论和书信，更是汗牛充栋，不可胜数，如诸葛亮的《诫子书》、刘义庆的《世说新语》中的陶母责子、包拯的《家训》、郑板桥和曾国藩等人的家书等，都有不同程度的精华可取。

耐人寻味的是，在一向被认为科学教育比较贫乏的中国古代，胎教很早就受到了重视。写成专著者有之，散见于有关文献的更多，如《大戴礼记·保傅》《新书·胎教》《列女传·母仪》《论衡·命义》《千金要方·养胎论》等。《大戴礼记·保傅》中指出："古之胎教，王后腹之七月，而就宴室"，然后对孕妇的言行做出一系列的规定，并要求将胎教之道"书之玉版，藏之金匮，置之宗庙，以为后世戒"，足见对胎教之重视。特别值得一提的是，隋末唐初的著名医学家孙思邈在《千金要方·养胎论》中，从医学的角度指出，孕妇"弹琴瑟，调心神，和性情，节嗜欲，庶事清静，生子皆良"。可见，中国古代的胎教是有一定科学依据的。另一方面，孔子说："学而不厌，诲人不倦。"荀子说："学无止境。"这不正是今之终身教育吗？

　　一切文化都是教育之源。文化传承离不开教育，文化就是直接或间接的教育。中华文化博大精深，教育传承有利于文化传统的赓续。弘扬教育传统，必须要有坚定的价值观和价值选择力。如果本就信奉民族虚无主义，对传统文化采取全盘否定的态度，何谈继承？故我们要自信再自信一点！

（2017 年 4 月）

专业精神应成为好校长的信仰

不久前接待一位来访的校长，交谈中我听到他说出"劝退""除名"一类名词，吃惊之余不免感慨：校长，请尊重你的专业！做了那么多年的校长，居然不清楚学籍管理制度！在现行的中小学特别是义务教育阶段的学籍管理中，早已取消了诸如"劝退""勒令退学""开除"一类处分。为什么我们的校长居然动辄就说"开除"，一个重要原因是其管理缺乏专业性。他对校长的专业太不尊重了，没有将学校管理视作一门科学，连必要的管理技术都没有掌握。这也是学校干部不受教师待见的原因之一。因为一些干部将干部当得没有一点技术含量。

教育部自 2013 年至 2015 年接连出台了基础教育各学段的校长（园长）专业标准。由此可见，校长是和教师、医生等并列的一种独立的专业技术人员。严格地说，那种以优秀教师自居、不懂管理且不以为意的校长是不合格的校长。如果对校长专业缺乏敬畏感，对校长的履职缺乏工匠精神，即使勉强符合规定的六个方面的 60 条"专业标准"，也很难成为优秀校长。

首先，优秀校长应当是优秀教师。但优秀教师不一定能当好校长，也不必倡导教而优则仕。学校干部的选拔不是优秀教师排座次，谁排在前面谁就有优先权。校长的任用是在一群相对优秀的教师当中选拔最合适的而非最优秀的。明乎此，教师就没必要要求校长参与教学"擂台赛"，甚至欲与之试比高；校长也不能成天惦记着自己在学科教学上的"江湖地位"，置学校管理于不顾，做甩手掌柜。教学追求无止境，管理也如此。对于人的自动化、无为式的管理是不存在的。教育不会有奇迹出现，你不付出心血就要付出质量代价。故校长的专业性首先体现在其有特定的工作范畴。职责范围内的事不做好，其他工作再出色，依然不是合格的校长。

其次，校长的专业性体现在应有明确的办学思想和执行能力上。这种办学思想大异于学科教学思想。个人丰富的教学经验并不能直接转化为学校的办学理念。同时，将思想付诸实践，使"施工图"成为现实，需要校长具备较强的执行能力。政治是学问也是技术，学校管理同样如此。不经过专门训练和较长时间的积极探索，是很难熟练管理好学校的。现实生活中，既会念经又能当住持的和尚是稀缺资源。优秀校长就是这类"和尚"。

再次，校长的专业性体现在应具备较强的人格魅力和人际交往能力上。校长的人格魅力不仅要对学生产生影响，还要影响教师、家长，甚至要有一定的社会影响力。"术"之不存，"道"将安放？校长要有做事的能力，更要有做人的智慧。校长要用自己的教育信仰和人格魅力引领学校发展。

校长的专业性还体现在要用一辈子的倾情投入来践行校长的使命。专业化程度与形成专业化的成本成正比。校长必须要有牺牲精神，甚至要牺牲自己多年建立起来的学科专业声望。有些校长稍有成绩后便忘乎所以，忘记了自己的岗位和职责所在。或倦于进取，流于一般；或过于爱惜毛羽，堕入清流；或知行分裂，陷入空谈；或忘记初心，汲汲于名利。最终做了一辈子校长而未入其门，开口即说外行话。校长不尊重自己的专业便很难赢得他人的尊重。

（2017 年 4 月）

用法治甘霖滋润爱的花朵

15岁的陕西铜川初中生小轩两年多前患白血病被迫休学，现在他病愈想复学却被学校拒绝。其就读的学校表示，以小轩现在的健康状况，学校担不起这个责任。教育部门则表示，小轩病愈复学，学校应按规定办。根据《义务教育法》和学籍管理相关规定，在医院出具病愈证明的情况下，学校拒绝小轩复学违规违法。学校负责人说："主要怕其他学生及家长不理解。""假如因为学习压力给娃带来不良身体影响，后果也无法估量。""建议家长给孩子选择公办学校，压力小一些。"这些都是毫无依据的托词。民办学校可以自主录取学生，但对在读学生的学籍管理必须严格依规依法。

小轩患病期间，其就读学校师生曾伸出援手，捐款六万余元，表达出了一份浓浓的爱。我们没有理由怀疑这份深深的师生情、同学谊。然而，到底是什么原因让这朵爱的鲜花快速凋零？是什么力量让教育的温度降到冰点？显而易见，无非是尽量少惹麻烦。根子则是对依法治教缺乏信心。现实中，法律和政府对学校的保护还远远不够。很多地方，只要学生在校出现人身伤亡，不管学校是否有责任，一律赔偿，一律问责。在事故面前，学校成了真正的弱者。虽然对无过错责任有明确的界定，但很难执行下去。学生伤亡事件依法处理的比例很低，舆论、行政、司法对学校依法处理问题的支持力度不大，学校也耗不起，最终只能花钱买平安。

教育本该温暖，学校不应冷漠。但学校不是封闭的。社会是大学校，学校是小社会。所谓"怕其他学生及家长不理解"并非无稽之谈。媒体曾报道，有学生家长联名要求学校开除自闭症儿童，理由是自己孩子的人身安全受到威胁。对于有经营压力的民办学校来说，它不可能无视这类外在的压力。学生因特异体质或特定疾病入学被拒绝非个例。学校因为"安全顾虑"而不敢接纳特定学生，甚至不敢开展活动的非常普遍。不是法制不健全，而是法治不到位。不仅学校怕事，行政、执法、司法部门也不愿意"多事"。一事当前，都希望处理得越快越好。一旦出事，往往抱着息事宁人的态度，听凭学校与家长艰难周旋。事实上，缺乏合法的程序动用办学经费"赔偿"恰恰是不合法的，但因为符合各方利益，居然大行其道，法治则因此被践踏。

对学校来说，质量是生命线，安全是底线。没有质量就没有明天，没有安全就会失去今天。教育要尊重生命，安全责任重于泰山。学校应当确保师生在校安全，但安全工作是用来保障教育而非取代教育。而现在最突出的问题就是，很多学校用安全工作做挡箭牌，在教育教学上干着偷工减料的事。毫无疑问，只对今天负责的教育不是真正的教育。

切实解决小轩复学被拒之类的事最终要靠法治。要确保小学生的如厕权、游戏权，要让春游、运动会、单双杠回到校园，全面依法治教是唯一出路。全体社会成员都应当提高法治意识，维护法律权威，切实依法办事。学校要保障特异体质或特定疾病学生的受教育权，履行好安全责任。家长要体谅学校的困难，出了问题要向法律"讨说法"。提倡对簿公堂，不应大闹学堂。大家都要守住各自权利的边界。政府和司法部门，不推责，不诿过，不断优化安全工作考核办法，主动作为，切实提高社会治理能力。同时，提倡契约精神，在法律许可的范围内，在双方自愿的前提下，承认就特定问题签订协议的合法性。这样可以使那些责任界限模糊不清、分歧不易弥合的诉求变得简单易行。要加大对依法处理校园安全问题案例的宣传力度，营造法治氛围。

没有爱就没有教育。依法治教，不仅要依法保护学校，更要依法监督学校，使其全面履行教育责任，让法治的甘霖滋润出更加绚烂的爱的花朵。

（2017 年 9 月）

"爱情课"应成为中学生的"必修课"

南京一政协委员带到市"两会"上的提案建议是，加强中学生的爱情观教育，多增加一些爱情相关的课程。这一想法来自他身边的一件事，一个初中男孩告诉他，因为家里的经济实力比较好，所以他看不上经济实力不如自家的女孩。该委员觉得这一想法很不健康，认为学校里关于爱情方面的教育不够，"学校在教育上需要担负很重的责任"。笔者以为，虽然该提案的案由值得推敲，但"爱情课"确应成为中学生的"必修课"。

英国教育家斯宾塞说："为我们的完美生活做好准备，乃是教育所应完成的功能。"美国教育家杜威坚持"教育即生活"，他说："教育是生活的过程，而不是将来生活的准备。"由此可见教育与生活的紧密关系。爱情观无非是人生观的一部分，中学是人生观形成的重要时期，自然不能人为地将爱情观分离出去令其自修。培育健康的爱情观绝不意味着提倡中学生谈恋爱，人不能到了恋爱的年龄才考虑爱情问题。"人是一根能思想的苇草"，生命固然脆弱，但思想的野马能在广阔无垠的原野上奔驰，禁锢是徒劳的。中学生要有梦想，但梦想里只有拼搏没有快乐，只有责任没有爱情，不仅不符合生活逻辑，也是有违人性的。所以，关于爱情，中学教育是不能回避也是回避不了的。

爱情与恋爱、婚姻有关但并非一回事。一谈到对爱情的憧憬便立即联想到谈婚论嫁显然是错误的。举凡伟大的文学作品，大多少不了惊天动地的爱情故事，中学教育谈情色变讳莫如深就无法展开教学。正因为爱情观、婚恋观是人生观的重要构成部分，所以完整的教育不仅要直面爱情问题，还应引导学生进行积极健康的情感体验，感受人性的美好。情爱是爱的一种，完全可以升华为"博爱"。教育要告诉学生生活的真相，要教会学生生活。所谓"早恋"，正是将爱情与婚恋混为一谈的偏差行为。人生固然是连贯的，但一个年龄段有一个年龄段的使命，男大才当婚，女大才当嫁，过早考虑婚恋问题自然不妥。而这恰恰反映了少数中学生缺乏正确的爱情观。所以中学生不能缺失"爱情课"。

但是，如果将"爱情课"理解为狭义的课程，用专门的教材和固定的课时由特定的教师授课，笔者则持反对意见。因为无论从哪个角度看，"爱情"都没有必要成为中学的一个学科。爱情不是技术，也谈不上专门知识。正确的爱情观离不开正确的世界观、人生观、价值观。基础教育的根本任务是立德树人。立什么德？社会公德、职业道德、家庭美德。树什么人？身心健康、和谐发展的现代公民。除传授必要的基础知识和基本技能外，中小学的主要任务是人格塑造和品德养成。立德树人不是思想品德课等某几个学科的事，而是所有学科的根本任务。"三观"正则爱情观就不会有问题。因此，面向本质的教育自然能够养成正确的爱情观，哪里需要什么专门的"爱情课"？

近些年来，中小学的课程建设存在行政干预过度以及某种无序化的现象。什么事重要什么就进教材、进课堂，诸如交通安全教育、防溺水安全教育、防艾滋病教育、反恐教育、防毒品教育、性教育等，形式主义泛滥，干扰了学校教学秩序。有些学校课程严重泛化，连课程的基本属性都没有搞清楚，却号称开设几百门校本课程，实则好大喜功、违背规律、徒耗资源、效率低下，增加了师生的负担。"爱情课"重要，"亲情课""友情课"就不重要？笔者以为，课程建设特别是国家课程建设应当纳入教育立法的范畴，要依法增减课程。减少行政干预和长官意志，避免随意性。

同时，不要将课程过度神圣化，以为进了课堂就万事大吉。有些问题古今中外都存在，没必要大惊小怪。事实证明，那些进了课堂的"××教育"

未必有理想的质量，实际效果往往微乎其微。教育是个系统工程，学校教育之外还有家庭教育和社会教育。中学生爱情观有问题不止是学校教育问题，更是社会问题和家庭问题在中学生身上的折射，是成人价值观在孩子身上的反映。教育即生活，学校也即社会，教育和学校不可能脱离社会。解决社会问题不能简单地从课程入手，而要进行深层次的教育革命，要切实将立德树人放在学校教育的首位。

（2018 年 1 月）

人人都需要一个"成人礼"

近年来，有不少中学自发地举办成人礼，但大多是结合高考百日誓师等开展一些励志活动和感恩教育。很多是借助校外培训机构的力量来举办，常常一年一个花样。虽然有些学校也让学生穿着汉唐服饰，在当地著名的宗庙或祭坛举行仪式，也诵几句经，但最终总是落到祈祷高考大捷上面来，故往往形式大于内容，效果聊胜于无。"成人"哪里是高考取得好成绩那么简单！如果没有一套明确的"成人"目标供孩子们长期追寻，成人礼就不过是一场短暂的表演和娱乐而已。

在中国，成人礼本是古老的礼节，可以上溯至西周。《礼记》云："夫礼，始于冠。""男子二十，冠而字。"男子二十加冠，女子十六及笄。冠礼即是跨入成年人行列的男子加冠礼仪，非行不可。《礼记》的解释是："凡人之所以为人者，礼义也。礼义之始在于正容体、齐颜色、顺辞令……故冠而后服备，服备而后容体正、颜色齐、辞令顺……已冠而字之，成人之道也。"不行冠礼，则一生难以"成人"。这个礼节直至清朝入关才因不符合满族人习俗而被废止。

世界各民族大多有各自的成人礼和成人节，至今盛行。日本、韩国基本保留了我国汉唐时代的成人礼制。节日是人类的精神驿站，是人类在文明早期共同的选择，不因民族不同而有本质差别。成人礼也是分居在五大洲不同人种的共同选择，自有其内在道理。中国古代的冠（笄）礼有一套非常严格的规制和复杂的程序，是每个家庭中的大事，丝毫马虎不得的。世界各国的成人礼亦大多如此。

"成人礼"是人生的重要分水岭。跨过这道分水岭，不仅意味着拥有更多的权利，更意味着要有更独立的胆略，要承担更大的责任。为了增加仪式感，使人刻骨铭心，因此要举行成人礼节。故成人礼既是一种重要的教育形式，也是儿童成长的一道门槛，蕴含着阶段性的成长目标。传统的成人礼绝非穿个礼服喊喊口号那么简单，往往都有一套考核程序和考核目标。通过不了考核还算不得"成人"，还得"补考"。面对成人礼，儿童成长需要的不仅是顺其自然，更要努力奋斗。

笔者认为，成人礼应作为必修课列入高中课程方案，要建立必要的国家课程标准和相对统一的礼节规制。要结合高中生的培养目标确立具体的达标要求。要在国家层面上设立成人节，在这个节日里集中举行成人礼。开展成人礼活动应以学校为主家庭为辅。学校活动一年一次，安排在高三下学期开学初举办，属法定要求，必须举办；家庭可以在孩子十八岁生日当天或前后举办，不作强求。

"长不大的孩子"，似乎是当代青年的群像特征。"啃老"一族，巨婴心理，仿佛是普遍的社会病。这固然是经济社会发展到一定阶段难以绝对避免的时代病，但根子还是出在教育上。《普通高中课程方案》指出，要让学生"具有理想信念和社会责任感""具有科学文化素养和终身学习能力""具有自主发展能力和沟通合作能力"，而应试教育只会背道而驰。

节日只是一个日子、一个时间标志，成人礼也不过是一场活动，如果缺乏完善的体系，不能成为深入人心的文化追求，则成人礼的作用非常有限。从这个意义上来说，所有中国人都缺少一个"成人礼"，都要增强"成人意识"，而且迫在眉睫。进入成人阶段，孩子要以成人标准自律，家长尤要以成人标准帮助孩子"完成"他律。很多时候，孩子本可自立，但家长包办过多，甚至连成年子女的育儿权都被家长拿走。孩子这个不会那个不会，家长不自觉要包办一切。自己不育儿怎知父母苦？所以说，孩子长不大，父母有责任。成人缺乏成人意识，孩子如何能"成人"？

有心理学家认为，整个中国社会就是一个巨婴社会，成人的心理水平是婴儿水平。这虽然有些言过其实，但并非一点道理没有。中国人的独立精神、自立意识和能力总体不够强。尊老、爱幼、养老、孝亲，固然是优良传统，但也反映了其背后的中国传统文化强调的是互助和集体主义，个体的独立性往往被忽视。在西方社会，子女过度照顾尚能自立的父母被视为对老人的不尊重。而中国的"尊老"与其有着很大不同。与"人人希望得到他人照顾"的文化氛围相应的，在父母眼里，孩子永远是"孩子"。因此，"成人礼"要给孩子过，也要给父母和老师过。在今天的中国尤应如此。

（2018 年 4 月）

填报志愿请善用你的选择权

多年来，有一种现象令笔者印象深刻，为孩子填报志愿鞍前马后、自作主张的多为家长，孩子反而很淡定。有句流行语是：孩子负责考试，家长负责志愿。这正反映了高中教育存在的一类问题，生涯规划教育缺失仅是表象，深层原因是学生的"自我"泯灭，缺乏自立自理能力。即使看上去拥有某种自主权，实际上因为信息不对称，最终还是为家长和老师精心营造的舆论氛围所裹挟，落入师长的彀中。在日甚一日的名校崇拜风气中，领导提着奖金上门"逼"尖子生报名校的事绝非谣传。

填报志愿有一套规则可供遵循，从技术层面来说丝毫没有难度。按图索骥，最终结果是自然而然的。特别是实行知分填志愿和平行志愿后，相关信息是全面透明的，实际就是按分数高低排队、考生参考大学学术排名和社会声誉依次选择。排在前面的优先。有人戏称，高校招生办实际是"接生办"，招"生"就是招"分"。对于考生而言，所谓志愿难填，实际是分数与理想之间存在距离。分数高你挑学校，分数低学校挑你。平行志愿极大地保障了个人的选择权，但有效填报志愿需要善用你的选择权。

笔者告诉学生，2000 多所高校招生，真正与你有关的可能不到 20 所。本人的成绩排名，高校的类别及其排名，相关专业排名，前两三年在本省招生的分数线及排位，个人的偏好等，几个因素一比照，可供你选择的学校也就剩下那么几所。接下来要考虑的是院校优先还是专业优先。想上好大学就不能太计较专业，坚持自己的专业选择就得在院校选择上求其次。因为大学自身以及社会认可度存在客观差异，所以理应力争进入更好的大学学习，但要提高命中率就得服从专业调剂。很多高校按大类招生，大二才开始分专业，有些高校能够最大限度地满足学生对专业的二次选择，这都在一定程度上减轻了考生填报志愿时的焦虑。而如果钟爱某个专业，应当首先参考专业排名，果断回避热点名校，命中率更高。理论上说，只有全省第一名才拥有绝对的选择权。理清了思路，填报志愿确非难事。

选择专业是对自己未来从事职业的第一次选择，需要慎重。怎么选择？17岁的马克思在其中学毕业作文《青年在选择职业时的考虑》中说："在选择职业时，我们应该遵循的主要指针是人类的幸福和我们自身的完美。"我们可以将"自身的完美"放在第一位。如果有能力爱我所爱，那就坚定初心。爱一行干一行是福气，干一行爱一行是智慧，干一行怨一行是跟自己过不去。个性、爱好与职业高度匹配，工作着便幸福着，岂不就是"完美"！毕生自我完善就是尊重自我、尊重个性，也是尊重生命。这是理想也是过程，很难一蹴而就。有一点一定要坚信，真正的"大幸福"一定是超越个人幸福的。满足于衣食无忧，一生苟且，精神缺乏境界，心灵在低层次中挣扎，是很难有幸福感的。"志不立则天下无可成之事"，要立大志立长志。将目光投向未来，就不会为眼前的选择而纠结。

大学教育是专业教育，但很多专业知识具有通识性和基础性，学非所用和用非所学的情况并存是无须也无法刻意避免的事。尤其是本科教育不能太执着于专业性，要为学生的未来人生提供更多的可能性。耶鲁大学前校长理查德·莱文曾说过："如果一个学生从耶鲁大学毕业后，居然拥有了某种很专业的知识和技能，这是耶鲁教育最大的失败。"专业固然重要，但不能只剩下"专业"。考入清华大学历史系的钱伟长先生，入校即逢九一八事变，他弃文从理改学物理，终成物理大师和著名的社会活动家。有人问他是什么专业，他说："我没有专业，国家的需要就是我的专业。"这给我们的启发是，未来将成为什么样的人，一纸志愿是不能定终身的。

社会需要各种人才和各类劳动者，社会也具有市场的某些属性，会进行自我选择和调剂。绝大多数人可以胜任绝大多数职业，真正"做不了""只能做"的情况是极个别的。本质上，职业没有高低贵贱之分，要转变择业观。行行出状元。从事哪一行未必重要，重要的是能不能做到"状元"，也就是能否取得较高的职业成就。兴趣是可以培养的，所谓艰苦的职业也自有其不为人知的乐趣。再"卑微"的职业也是社会需要。"被需要"既是个体的精神满足，也是社会和谐的心理基础。人人为我，我为人人，社会就是一个充满生命律动的和谐的有机体。想象中的钱多活少离家近的工作基本不存在。今天的热门专业不一定是未来的热门职业，也不一定是自己的兴趣所在。热门意味着高竞争性，选择名校的热门专业固然有更多的学习机会，但也要承担更多的竞争压力。选择需要量力而行，合适的也许才是最好的。

（2018 年 6 月）

扎根课堂方成名师

今年年初,《中共中央国务院关于全面深化新时代教师队伍建设改革的意见》指出,"到2035年,教师综合素质、专业化水平和创新能力大幅提升,培养造就数以百万计的骨干教师、数以十万计的卓越教师、数以万计的教育家型教师"。呼唤教育家办学成为当代教育最强音之一。在此背景下,各地纷纷推出"教育家工程""名师名校长培养工程"。

笔者认为,"教育家工程"应当是生态工程、环境工程。有了适宜的良好的教育生态、教育环境,教育家必定横空出世。只有在学生成长中、学校发展中、教育实践中、广大教师不断进步的土壤中,才能培养出真正的名师。

如何理解名师?从词法的角度来看,名师就是有名的教师或师傅。进一步追问就会有"因何而名""名闻何处"的问题。笔者以为,名师不能作简单的词法理解,不能简单用粉丝多少、知名度大小、话语权强弱、著述多寡来衡量。名师不是靠制造话题、语出雷人以博得名气。名师本不是名号,而是口碑,不能为了成名而追求名师。真正的名师要将根深深扎在自己的校园里和课堂上,甘于寂寞,坐得住冷板凳,要先成为学生、同事、家长心目中的良师,要用自己的教育思想和教育实践推动教育发展。因此,名师要因教而名,要墙内开花、墙内也要香才行,不要动辄立志成为或打造具有"全国影响力"的名师。

令人遗憾的是,对于名师观的认识,各界并未达成共识。有人深谙网络和自媒体时代一夜成名之道,懂得商业社会的"造星"套路,只要出名,无所不用，而这往往也能迷惑一部分人。教育界不应当有"江湖""山头"，不该党同伐异，不能将那些纯洁的称呼、名誉当作博取眼前利益的工具。对于那些尚在教学工作岗位上的名师日益成为"空中飞人"的现象，笔者深感忧虑。我们不排除其中绝大多数名师实至名归，但"赶场子"的做派对于青年教师的负面影响不容忽视。名师不是明星，不可有商业味儿，不能心安理得地捞钱。少数青年教师不用心于教书育人，将精力放在"混圈子"上，睁开眼就刷存在感，投机取巧，寻求捷径，不能说与这种风气没有关系。

名师首先得是优秀教师，是一个有立场、善思考、不盲从的教师。对于教师来说，融入学生远比独自徜徉在书山、陶醉在学海里重要；对于校长来说，必须要将大量的时间"浪费"在学生活动中，必须懂得用学生的眼光看世界，要理解、尊重和适度分享学生的快乐。最好的"论文"是在课堂上写出来的，最有价值的课题研究是直面学生的。一切脱离课堂和学生的论文、课题，都没有太大意义。

教师是育人心灵的职业，物质条件并不是造就名师的重要条件。只有激发广大教育工作者尤其是一线教师和校长的聪明才智，让他们全心投入，自主创新，才可能产生"为人"的教育、真正适合学生的教育，才可能培养身心健康、有知识、有能力的学生，才能成就一所好学校。

总而言之，名师是立足校园、扎根课堂、坚守教育，将"四引""四有"做到实处并卓有成效的老师。

（2018 年 9 月）

好的家校关系就是好的教育

前几天，某派出所副所长因女儿迟到被老师罚站，指派警员从学校将何老师带至派出所留滞七小时，引发广泛关注。该副所长滥用公权已被记大过、免职、调离，相信这是依规做出的处分。但就其违规情节之恶劣及造成的影响之严重而言，似有罚不当"罪"之嫌。有一百种更好的解决方式，为什么副所长偏偏选择最糟糕的一种？表面看是其素质差，实则反映了少数人存在一种对学校、对老师藐视的心理。因此，重申对教育对学校的敬畏并非多余。将学校置于崇高地位、确保其尊严是育人的需要。笔者认为，好的家校关系就是好的教育。

没有惩罚的教育是不完善的教育。然而，惩罚是建立在民主基础上还是专制基础上大有差别。几年前的一个晚自习，笔者路过一个班级，班主任正在唱歌，腔调很难听，学生在起哄。我问门边上的学生怎么回事，他说班主任迟到了。他还说这是我们的班规，谁迟到谁上讲台唱歌。说话的学生一脸胜利的喜悦。罚唱歌和罚站本质上一回事，不同的是，这个"罚"是建立在师生共同缔结并遵守的班规之上。小学低年级学生迟到，责任完全在家长。经常迟到的学生，其家长要么对制度缺乏敬畏心要么习惯拖拉。因此，何老师罚学生不仅没道理而且毫无意义，但家长也要深刻检讨自己的不足。

教育本在育人，在立德树人，在培育身心健康和谐发展的人。以德育德，师长都要身体力行，相互"补台"。假如能够回归育人根本，副所长首先要检讨孩子为什么会迟到？是不是家长自己的责任？如果是自己的责任就应当带着孩子一起向何老师解释甚至道歉。如果这一步没做到，在孩子被罚站后的明智之举是与老师沟通，然后一起做孩子的工作。孩子打电话给家长未必是告状，很有可能是怪罪家长。这位副所长完全不懂教育，其行为简直令人不可思议。

尊重规则是做人的底线。有些家长不理解我的孩子迟到了怎么会影响到其他孩子，其实他不明白孩子的是非观是很简单的，违规不受批评在孩子的心目中是不公平的。所以，教育不能无原则地一味赏识。家长要理解、尊重学校教育。表扬要有道理，批评要讲艺术。没有任何铺垫的惩罚确实既有可能给某些学生带来伤害，又不会起太多作用。有些老师过度迷恋"惩戒权"，以为"大权"在握一切便迎刃而解，其实权力也是双刃剑，搞不好还会伤了自己。惩罚自然也是教育，但一定不是高明的教育。优秀老师应当寻求更高明的教育方式。

教育是社会化的产物，故必然有其时代特征。在 21 世纪的现代社会，教育者过度崇拜"压服"的思维值得警惕。惩罚甚至体罚都有其一定的教育功能，但要建立在相应的教育文化的基础上。在成人世界的价值观尚存巨大分歧的情况下，惩罚或体罚孩子带来的往往是伤害和"仇恨"，教育效果甚微。罚站的教育方式并不具备彻底解决小学生迟到的功能，因为迟到的原因有多种；被罚者是否因此蒙受羞辱也会因时因地因人而异，因为每个人的想法都不一样。所以，能否惩戒不是关键，关键要明白惩戒的作用在哪里。这应当引起教师和家长共同思考。

苏格拉底认为，存在着另一个更为常见的由"暴虐灵魂"组成的阶层，但他们不是作为统治者存在，而是作为教师、演说家或诗人存在。教育是一个理想王国，如果教师灵魂深处的"专制"意识占了上风，在教育教学中，他所扮演的"暴君"角色将会驱使孩子们的心灵走向狂躁，甚至可能导致最优秀、最聪明的孩子在未来的政治生涯中有暴政倾向。由此可见，教师在教书育人的过程中如果缺乏谦逊与节制精神，最终受损的将是社会民主。

教师是人类灵魂的工程师，这是职业定位，也是职业理想。这个"高帽"是扔不掉的。如果今天还不是，未来必定是，除非这个职业消亡。要完成塑造灵魂、塑造生命、塑造新人的时代重任，不能没有家长参与。家庭是人生的第一所学校，家长是孩子的第一任老师也是终身的老师，教育孩子"成人"是每位家长的天责。因此，育人需要家校携手，而学校应积极主动地掌控好家校关系的主动权。好的家校关系就是好的教育。

我们也要把握家校关系的时代特征。不难发现很多的家校纠纷都带有信息时代的烙印。家校双方都有建立良好关系的主观愿望，只要回归到立德树人这个根本点上，就会有共同语言。法治社会依法办事，但教育很特殊，只要双方对簿公堂教育基本就失败了。家校纠纷，伤者无数，没有赢家。笔者认为，家校间应保持必要而适度的距离。这个距离不仅有利于改善双方关系，更有利于赋予孩子健康成长的空间。

（2018 年 10 月）

校长要两耳常闻"窗外事"

曾有人将校长所"忙"概括为：党政工团少，工农兵学商，吃喝拉撒睡，生老病死伤。这虽然有些笼统，但大抵可见校长的忙碌。而在交通和通讯更为便捷的现在，文山会海尤甚，校长深陷各类事务中。也有人认为，校长要做"大事"，不必拘泥于小节，尤不可陷入事务堆中。笔者认为，面对纷繁的杂务，校长虽不能置身事外，但确要忙而得法。

学校无小事，事事皆育人。校长首先要做的"大事"就是学习。一切科学的理念和方法都是从学习中来。校长的好奇心和学习力是学校发展和变革的重要推动力。校长不必一天确定一个办学思想，也不必每时每刻关注质量，也无须每时每刻关注课堂，也不可能每时每刻找教师嘘寒问暖，更无法从早到晚四处化缘。校长就是要用自己在学习和实践中获得的智慧引领学校发展。而这种"引领"并不需要每时每刻的劳作和付出。故忙得"没有时间"是个伪命题。校长要防止专业错位，要学会"断舍离"，要关注"窗外事"，要做到有所为有所不为。

校长群体中两耳不闻窗外事的大有人在，举国热议的事充耳不闻的校长也不鲜见。有些校长不看书不读报，至多不过从手机上读点"心灵鸡汤"，见识和思考出奇的庸俗和贫乏。其于世无闻的最大理由不单是"忙"，还有个"无用论"，觉得没必要看东看西，集中精力抓好教学就可以了。殊不知校长的见识影响学校的质量提升，校长的视野决定学校的发展走向，校长的智慧影响学校的文化竞争力，校长的情怀决定学校的精神格局，校长的洞察力决定学校的气象。校长封闭则学校封闭，校长是"井中蛙"，师生头顶上就不可能有浩瀚的天空。

"风声雨声读书声，声声入耳；家事国事天下事，事事关心。"古人尚有此家国情怀，在"三千年未有之大变局即将拉开帷幕"的今天，一校之长焉能不力行垂范。登高望远方可行稳致远。"教育要面向现代化，面向世界，面向未来。""三个面向"就是我们的视线所向。校长要内看国情外看世界，要回溯历史前瞻未来，要立足学校放眼全球，要丰富理论不断实践，扎根中国大地办中国教育。要深刻把握教育规律和学生身心发展的规律，要从事理本源上深切理解国家的大政方针。有自己的判断，不人云亦云。只有将师生成长、学校发展与国家兴盛、民族振兴紧密联系起来，为国育才，发展个人，才谈得上实现校长的教育使命和职业抱负。

宁静以致远。但安静做真教育不等于关门做教育。学校是社会的一部分，故教育不能脱离大社会。如何在纷繁的世界中保持校园的安静和课桌的平静，需要校长有非凡的领导艺术和管理策略。安静的定力源自对世界的深刻把握。"胸中有丘壑，腹里有乾坤。"校长的洞察力、改革勇气和变革领导力来自"睁眼看世界"。校长的修为是运筹帷幄的基石。把握大势，顺势而为，才能建功立业。现当代中国教育史上那些永垂史册的教育大家，前如蔡元培、马相伯、梅贻琦、张伯苓等，后如马寅初、匡亚明、王亚南、蒋南翔等，既德高望重、学贯中西，又胸怀天下、情系苍生。教育救国使他们彪炳史册。一位伟大的校长，内心必然是冷静与火热共存、现实与理想同在。

当前的教育大事和大势是什么？这需要我们深入学习全国教育大会精神。校长要明白教育要培养什么人、怎样培养人、为谁培养人，要深刻领会习近平同志在全国教育大会讲话中强调的"八个坚持""六个下功夫"，加强师资队伍建设，加快推进教育现代化，不断使教育同党和国家事业发展要求相适应、同人民群众期待相契合、同我国综合国力和国际地位相匹配，建设教育强国，办好人民满意的教育。如果我们仍一味关起门来搞"野蛮的应试教育"，眼中无"人"，鼠目寸光，逆世界浩荡潮流，那么，我们的教育就既不可能让人民满意，也无助于中华民族的伟大复兴。校长在错误的方向上越努力，学校离教育的本质就越远。

校长要敬畏自己的专业。专业精神应成为"好校长"的信仰。2015年初，教育部先后印发各类校长（园长）的专业标准，强调"校长是履行学校领导与管理工作职责的专业人员"；"校长作为学校改革发展的带头人，担负着引领学校和师生发展的重任"；要"牢固树立终身学习的观念，将学习作为校长专业发展和改进工作的重要途径"。因此，从专业角度而言，校长一定要两耳常闻"窗外事"。

（2018 年 11 月）

体育，学生动起来是根本

体育是教育，是教育活动的一个门类。在我心目中体育一点都不复杂，因为一是体育的重要性不言而喻无可争辩；二是体育无障碍，赤手空拳也可以开展，关键看态度。某种程度上说，体育无所谓教学，学生动起来是根本。难道让学生"动起来"还是什么难事？我校 2008 年招生办学，即将"健康第一"写进学校发展规划，将"有营养、保健、运动、审美、卫生和绿色生活的常识和科学、文明的良好生活习惯"作为学生发展的核心要素，贯穿于教育教学全过程。

学校体育，不看规划看行动。看课开了没有，"两操"做了没有，每天的课外活动开展了没有；看运动场上有没有师生的身影；看近视率有没有控制在合理的范围内；看学生的健康体测水平如何；看师生的精神面貌……总之，看学生动起来没有。在厦大附中，体育课一般风雨无阻，即使在至今尚无体育馆的情况下，阴雨天、高温天的体育课也依然会在图书馆顶楼观光层、每层楼的过道和艺术馆公共空间上课。体育课要上到期末考的前一天，毕业班的体育课、早操要到中、高考前两天才会停。

没有体育老师可以有体育吗？我的回答是"可以有"。体育老师不能教数学，数学老师可以教体育吗？我认为可以！专业运动员的专业性毋庸置疑，但中小学体育大可不必强调专业性。"专业性"甚至是学校体育的"绊脚石"。在应试教育甚嚣尘上的当下，将学生从教室"放"到室外，体育就已经开始；将学生"撵"到运动场，体育就初步发生；如果还有老师带领学生运动，无论其教哪个学科，体育就具有基本的质量。在此基础上，学校有计划地将运动意识、运动方法和技能、运动安全知识等作为学生的重要能力构成，通过体育课程和活动，使学生珍视生命、积极生活，养成良好的健身习惯，促进全面发展，这就达到了教育的目的。

在学校里，应当看得到体育教师自觉运动的身影。体育教师是老师、榜样，不是裁判员、监督员，甚至不是教练。教师和专业的教练员是有区别的。体育是关于身体健康的教育，所以，体育就是"育"体，需要贯彻终身教育的理念。身体出问题一般不会在青少年时代，因此体育是真正面向未来的教育。教师要在普及运动知识、培养基础的运动能力的前提下，着力培养学生的运动习惯、运动意识，使之一生受益。我们遗憾地看到，有不少体育教师上课就是"测试"，一卷皮尺一块跑表，"逼"走了许多人的运动兴趣。以至于很多人觉得，从小学到大学，我们在体育课上没有学到任何知识。这是有违常理的。在体育运动方面，所有教师都应当努力成为学生的榜样。自建校始，厦大附中就一直开展师生环校园长跑。师生同场竞技的场面随处可见。作为年近六旬的老教师，我每天傍晚还会在校园里、在学生的眼皮底下慢跑四公里。在我校，体育老师任班主任不是稀奇事。

没有运动设施设备可以有体育吗？我的回答仍然是"可以有"。在学校还是一片工地的建校初期，我们在教学楼前的一小片空地上举行广播操、跳绳、拔河等比赛。2009 年 5 月 22 日，在田径场尚未竣工、电源还没到位的时候，我们借了一台柴油发电机供电，举办了首届田径运动会，全校 260 名师生悉数参加。自那以后，春秋两季校运会，年段男女篮球赛、男女足球赛、跳绳、拔河等各类体育比赛从未间断。为了方便学生参加体育活动，我校的运动器材实行的是学生自助管理，任何人在任何时候都可以得到他需要的器材。恒温游泳馆建成后，我们立即在高二年段开课。学校在实行走班选修运动项目的基础上，将游泳课作为校本必修课开设。游泳课必须取得合格方可毕业。

蔡元培先生说："体育最要之事为运动，凡吾人身体与精神，均含一种潜势力，随外围之环境而发达，故欲发达至何地位，即能至何地位。"在谈及体育与德育的关系时，他说："凡道德以修己为本，而修己之道，又以体育为本。忠孝，人伦之大道也，非健康之本，无以行之。"主张通过体育运动提高公民道德和修养。毫无疑问，培育人格健全之学生方为教育之根本目的。

（2019 年 7 月）

我们不妨照照这面"镜子"

近日，来自黑龙江鹤岗的男孩"钟美美"模仿老师的视频引发关注。其实，这种"神模仿"并不稀奇。谁没有这种经历？只是在互联网文化的大背景下，一位更具模仿才能的孩子，在大人的帮助下，将模仿视频发到网上，勾起了许多人的回忆，一时间成了网红。从艺术创作的角度来讲，为了避免出现不必要的猜疑和麻烦，该系列视频应当注明："纯粹虚构，切勿对号入座！"因为视频中的老师有小学的也有初中的，显然不是某一个人。而且网络上还能搜到他模仿其他人物的视频。

艺术少不了夸张。譬如小品，别说讽刺，即便是歌颂也大量使用夸张手法。有些司空见惯的生活场景，一旦搬上舞台，就立即产生非同寻常的艺术效果。"钟美美"的模仿视频就是这种"艺术"。为什么能产生这种轰动效果，并非"钟美美"技压影帝，而是因为多数人都有这种生活体验。孩子模仿老师、家长等成年人是自然不过的事。有相当多的老师都会被学生善意模仿，譬如口头禅、肢体语言、语气、表情、体态等。而如"钟美美"模仿的老师，也绝非无中生有。因此，我认为我们做老师的不妨将这些视频当作一面"镜子"，不时揽"镜"自照，有则改之，无则加勉。

毋庸讳言，"钟美美"模仿的老师是"问题老师"。"她"虽然是"话痨"但其实不会讲话。"她"所说的绝大多数话都不会产生任何教育效果。更严重的是，诸如"不要脸""脸皮厚""滚出去""差生"等话语都背离了师德规范，而课堂上接打电话，怒怼家长，摔学生的物品，打学生手掌还不准哭，捕风捉影骂学生"早恋"等，都属于违规行为。是的，诚如视频里说的，她有可能还是"优秀教师"。因为我们现在评选"优秀教师"往往只看教学业绩，甚至只看考试成绩。

这样的老师绝非孤例。特别是低学段的老师，过于严厉会给一些学生带来恐惧。而学校应努力让全体学生免于恐惧！老师是千姿百态的，学生也是多种多样的。宽严有度，因人而异，这就是教育艺术。遗憾的是，不在少数的老师终其一生也没能悟出其中的奥妙。他的家庭教育背景、求学的经历、现在的家庭环境和工作氛围都会对他的教育观和教育行为产生影响，如非通过深刻自悟和严格培训，则一辈子很难改变。他未必蓄意，但不自知恰是症结。我刚工作那会儿，一位同事动辄说我"笨蛋"。这是他的口头禅。他说学生也如此。事实上，如何说话我们基本是自修的，家长不教，中小学老师不教，师范院校也不教，职后培训也不涉及，所以当了老师后还是不会说话。

我至今还清楚地记得我是带着对学校的恐惧去上学的。我的一位学长，在我即将进入小学的时候，告诉我即将见到的校长是"牙齿里都长毛的恶魔"。那时我六岁，信以为真。直到今天，我仍然觉得，最初对学校和老师的恐惧妨碍了我养成良好的学习习惯。因为有这段经历，我做老师便有一个信条：不做让学生"害怕"的人！我对体罚幼儿的保姆、老师、家长深恶痛绝。有些面相冷峻、学生见之两股战栗的所谓严师，我深以为不适合做教师，至少不适合做低学段孩子的老师。生活在恐惧中，不仅学习效率不高，还易生心理和生理疾病。而给学生带来恐惧的往往是教师的语言暴力。即使在我任校长的学校里，我的孩子也曾受到语言暴力的侵害，可见问题的普遍性。

教师当有更优雅的姿态。所以我一直提倡教师录课，自己观摩。长期坚持必能进步。教育需要爱，没有爱就没有教育。而"爱"是什么？我以为首要的是"忍耐"，是恒久的忍耐和超乎寻常的耐心。好老师不见得都有耐心，但最优秀的教师几乎都是极具耐心的。教师即课程，言谈举止都是课程，不能不谨而慎之。因此，将"钟美美"模仿视频当作一面"镜子"，对我们老师修身没有坏处。

（2020 年 6 月）

优秀教师自身就是"优质课程"

新冠肺炎疫情爆发初期，有人撰文阐述疫情过后"中国即将发生的十大变化"，其中之一是"线上教育对传统教育的加速替代"。笔者认为，疫情过后我们会深刻地认识到"传统教育"的弥足珍贵和不可替代。教育即陪伴，关于人的教育一定离不开人。未来也许没有教师，但不能没有陪伴者。在互联网的两端，有效的教育教学只能建立在师生互信和心灵互通上。教师的人格魅力作用远大于线上打卡和视频监控。因此可以说，在所有的课程中，"教师"这门课最重要。优秀教师自身就是可供学生终身学习的优质课程，就是优质课。

教育即影响，教师的影响力是超越时空的。为人师表，行为世范。教师非一般职业，教师及其从业的个体都是"课程"，整体和个体每时每刻都在执教"公开课""示范课"。也许一堂"优质课"的影响范围有限，但一堂"劣质课"会波及远方和未来。因此可以说，即使退休了，教师自身这堂课还在继续。虽然课堂上传授的知识早已忘记，但优秀教师的人格魅力仍在烛照学生的人生。即便垂暮，优秀教师的"人设"依然会在学生身上发挥作用。故我们愿将美好的词汇献给老师而对师德瑕疵"零容忍"。这就是我们关于"教师"这门课的课程观。

我们固然可以定义"教师"这门课程，事实上关于教师的各类法规和规范已经做出了层出不穷的规定。但即便是合格教师甚或师德楷模，就具体的单个学生而言，其依然未必是"优质课"。学生完全可能因为教师的一个无关宏旨的举动甚至是教师自鸣得意之举而在心灵上留下难以拂去的阴影。我们不必夸大教师影响学生人生的唯一性——影响人的成长因素众多——但无法否认将产生重要影响。在人们的思维定式中，教师举手投足都应该是理想人格的化身。教育无非服务，而优质服务就得讲究品质和精度。因此，要将"教师"这门课上成"优质课"需要一辈子打磨，一辈子离不开课程建设。

人非圣贤。关于教师的赞美诗同时也是紧箍咒。尽管对教师的挑剔令人生畏，但不能因为现实遥距理想甚至永不能及就放弃理想。就理想而言，教师应当由"非凡者"来担任。哈佛大学曾发布一篇题为"挑一个好老师比培训一个更容易"的论文，用数据对"教师经验越丰富教学越成功"这一普遍被接受的观点提出质疑。研究表明，"好教师"在工作态度、师生关系、人格魅力等方面与众不同。究其根本，需要的是对教育、对学生、对专业真挚地爱。芬兰基础教育质量领先全球，关键在教师。芬兰最优秀的高中毕业生，想当小学教师，申请大学教育系录取率只有百分之十。芬兰的师培系统，通过性向测验等机制，从众多拥有教育热忱的年轻学子中，选出最好、最有动机的候选人。它可能是唯一能够从最优秀的前五分之一的18岁离校生中招收小学教师的国家。只有合适且优秀的人担任教师，教师自身才能成为"优质课程"，才能成为"优质课"。

破解教育难题关键在教师。激发教师的教育智慧比制度建设更重要。通过顶层设计彻底改变屡遭非议的教育现状是不现实的。理想课堂、理想学校、理想教育存在于优秀教师的教育实践中。关于教育的种种悖论存在于教育的全部历史中，今天教育存在的所有问题究其本质而言都不是新问题。孔子和柏拉图倡导的教育原则今天依然有生命力，而杜威和怀特海对学校教育的批评仿佛针对的就是今天的学校，伊顿公学和夏山学校风格迥异但揭示出了很多相同的教育问题。围绕《不让一个孩子掉队法》引发的纷争和调整，美国基础教育改革告诉我们，教育悖论无处不在。科学主义和人文精神无法非此即彼地独立发挥作用，智慧地应对悖论只有依靠教师，而制度几乎无能为力。这从另一个侧面证明了"教师"自身就是一门非同寻常的课程。

疫情过后教育何为？笔者认为，应当更加重视教师工作，要努力让每一位教师自身都成为优质课程。社会要创造条件，教师要主动作为而且一定大有可为。

（2020 年 4 月）